THORSTEN HAVENER

Sag es keinem weiter

WARUM WIR
GEHEIMNISSE
BRAUCHEN

ROWOHLT POLARIS

Originalausgabe
Veröffentlicht im Rowohlt Taschenbuch Verlag,
Reinbek bei Hamburg, März 2019
Copyright © 2019 by Rowohlt Verlag GmbH,
Reinbek bei Hamburg
Umschlaggestaltung HAUPTMANN & KOMPANIE
Werbeagentur, Zürich
Umschlagabbildungen Sammy Hart
Schriftzug Thorsten Havener, Dirk Eckert
Satz aus der Dolly, InDesign
Gesamtherstellung CPI books GmbH, Leck, Germany
ISBN 978 3 499 63240 2

Für Clara –
aus Gründen,
die nur sie kennt

«Und das Geheimnisvolle
hat nun mal das,
worauf es ankommt,
will sagen den Charme.»

Theodor Fontane

INHALT

TEIL 1

Achtung!
Geheimnis
nicht
verraten!

CHRISTIAN

*M*ein Bruder lächelte wissend. Langsam stapelte er einige Münzen auf dem Tisch übereinander. Danach stülpte er eine kleine, ganz genau passende Messingröhre über den Münzstapel. Sein Lächeln wurde immer hintergründiger. Er gab mir eine weitere kleine Messingröhre, die ich nach Herzenslust untersuchen und danach vor mir auf dem Tisch abstellen sollte.

Nachdem ich das getan hatte, machte er eine geheimnisvolle Bewegung, hob die eine Messingröhre an – und die Münzen waren verschwunden. Dann bat er mich, unter der anderen nachzuschauen, und tatsächlich: Der Münzstapel fand sich nun unter dieser wieder.

Ich war damals sieben Jahre alt, und das war meine erste direkte Begegnung mit der Zauberkunst. In genau diesem Moment entstand eine Liebe und Hingabe zur Zauberei, die mein Leben lang anhalten sollte. Mein Bruder hat mir gezeigt, wie berührend und wundervoll es sein kann, wenn man etwas Geheimnisvollem beiwohnt, einen magischen Moment erlebt. Wie in aller Welt konnten diese Münzen wandern? Es war rätselhaft und wunderbar zugleich. Und ich genoss es.

Erst viele Jahrzehnte später wurde mir bewusst, was der Ursprung dieses Gefühls war. Was hat diesen Moment zu einer meiner stärksten Kindheitserinnerungen werden lassen? Was war der Kern dieses Gefühls – was war sein Ursprung, seine Tiefe?

Es war das Geheimnis!

Gerade die Tatsache, dass ich nicht wusste, wie mein Bruder dieses Kunststück vollbracht hatte, gab diesem Moment die Kraft. Hätte er es mir verraten – und ich habe gebettelt, wie nur Siebenjährige es können – der Zauber wäre für immer verflogen gewesen. Das Mysterium wäre entschlüsselt, ein tief emotionaler Augenblick nachträglich zu einem gelösten Rätsel verkommen. Der Zauber des Geheimnisvollen ist sehr zerbrechlich. Nur das bewahrte Geheimnis gibt ihm Kraft.

Es sollte noch sieben Jahre dauern, das zu erkennen – und zeitgleich doch hinter das Geheimnis der wandernden Münzen zu kommen. Ich entschlüsselte es erst nach dem Tod meines Bruders.

MANCHMAL LIEGT GUTER RAT NICHT DANEBEN

Als Christian zu zaubern begonnen hatte, war er schwerkrank. Er hatte Leukämie. Um sich die endlosen Tage im Krankenhaus zu vertreiben, lernte er Zaubertricks. Kotzen und zaubern, so ließ sich sein Krankenhausalltag wohl am präzisesten zusammenfassen. Ich durfte ihn damals nur selten besuchen – zu groß war die Gefahr, dass ich irgendwelche Bakterien auf ihn übertrug. Wenn überhaupt, war es mir nur erlaubt, über die geschlossene Balkontür des Krankenzimmers mit ihm zu reden. Auch das ist eine Erinnerung, die sich unauslöschlich in mir festgeschrieben hat: mein Bruder ohne Haare, gezeichnet von Chemotherapie und Kortison hinter einer Glastür. Auf der anderen Seite der Tür stand ich, ein siebenjähriger Bub, der seinen eigenen Bruder nicht mehr erkannte. Noch beim Schreiben dieser Zeilen greift die Erinnerung nach mir, selbst so viele Jahre später bekomme ich Gänsehaut und zittere leicht. Diese Momente hatten nichts Geheimnisvolles an sich, sie waren real, schonungslos und hart.

Um der Krankenhauswelt gedanklich zu entkommen, träumte sich Christian mit den Zaubertricks in eine Parallelwelt, in der das Unmögliche möglich zu sein schien. Er beschäftigte sich so intensiv mit der Zauberkunst, dass er, als er die Klinik verlassen durfte, ein ansehnliches Arsenal lässiger Tricks auf Lager hatte, mit denen er in unserem Wohnzimmer und auf Familienfeiern seine Mitmenschen verblüffte. Das Münzmysterium war nur eine Nummer von vielen. Er schluckte Rasierklingen und einen Faden – um anschließend die Rasierklingen säuberlich aufgefädelt wieder aus seinem Mund zu ziehen. Er ließ gefüllte Gläser aus einem leeren Beutel erscheinen, er zerschnitt ein Seil in mehrere Teile – und fügte es am Ende wieder zusammen.

Und nicht einen Trick hat er mir verraten!

Die Zauberkarriere meines Bruders war intensiv, aber kurz. Sie half ihm, den Krebs zu bekämpfen und ihn letztlich auch zu besiegen. Nach seiner Entlassung zauberte er zwar noch ein paar Monate, widmete sich dann aber anderen Hobbys. Da er im Krankenhaus viel hatte entbehren müssen und es als anderer Mensch verließ, als er es betreten hatte, wollte er das verlorene positive Lebensgefühl wieder einfangen. Er fuhr Moped und dann Motorrad. Er fing an zu tauchen. Und er begann, Fallschirm zu springen. Schnell musste alles sein – und tief. Das ging auch ein paar Jahre lang gut, bis er im April 1986 beim Fallschirmspringen einen tödlichen Fehler machte. Das Leben ist nicht fair. Warum es einem Jungen alles abverlangt und ihn den Krebs besiegen lässt, um ihn dann vier Jahre später beim Fallschirmspringen aus dem Leben zu reißen, wird für mich immer ein nicht zu entschlüsselndes Geheimnis bleiben.

Mit seinem Tod habe ich eine wichtige Konstante in meinem Leben verloren. Immer hatte ich sein wollen wie mein Bruder. Was macht man als junger Bub, wenn man plötzlich sein Vorbild verliert?

Ich habe mich entschlossen, dort weiterzumachen, wo er es nicht mehr konnte. Allerdings ohne Motorräder, Taucherflaschen oder Fallschirme. Davon hatte ich die Nase voll.

Ein paar Tage nach seinem Tod bin ich in sein Zimmer geschlichen und habe den alten Lederkoffer mit seinen Zauberrequisiten gesucht. Er lag im obersten Fach seines Regals, gut versteckt hinter einem Malefiz-Spiel, einer Spiegelreflex-Kamera, einem Fotoalbum und einer Gitarre. Das alte Leder roch nach Geschichten. So viele Geheimnisse hielt dieser ranzige Lederkoffer verborgen. Ich musste ihn nur öffnen, um sie zu lüften.

Ich habe mich zunächst nicht getraut.

Tagelang lag der Koffer herausfordernd in meinem Zimmer. Ich wusste, dass die Erklärung für die wandernden Münzen direkt vor mir lag. Und noch viel mehr Geheimnisse befanden sich in diesem Koffer. Aber was war, wenn ich ihn öffnete? Wäre ich nicht vielleicht ent-täuscht? Diese Geheimnisse gehörten ja eigentlich nicht mir, sondern meinem Bruder. Aber den konnte ich nun nicht mehr um Rat fragen. Schließlich habe ich den Koffer doch geöffnet – und wenn ich nach dem Verlust meines Bruders die Welt nur noch in Grautönen gesehen habe, so hat das Öffnen dieses Koffers dafür gesorgt, dass ich sie plötzlich wieder in zarten Farben wahrnahm. Allein das Berühren der Requisiten war wie ein kurzes Gespräch mit ihm.

Ich habe nicht nur erfahren, wie vor vielen Jahren die Münzen zu mir gewandert waren, sondern auch, wie der Trick eigentlich hieß. Ganz einfach und ganz knapp: «Super-Trick, das beste Münzkunststück der Welt.» Ja, das war er für mich damals – und auch weit über dreißig Jahre später ist er das für mich noch immer.

Aber im Koffer waren ja noch viel mehr Geheimnisse, die ich ergründen wollte. Viel Zeit habe ich mir genommen, die einzelnen Tricks zu studieren. In jede Anleitung habe ich mich vertieft und sie verinnerlicht. Meist umfasste sie pro Trick nur eine blasse Seite, mit Schreibmaschine eng beschrieben. Und alle endeten sie mit den Worten:

> «*Wichtig!*
> *Geheimnis nie*
> *verraten.*»

Die vier Wörter waren jedes Mal abgesetzt, extragroß und mit einem schönen Rahmen versehen, wie auf einem Spiegel geschrieben. Mit diesem Imperativ endeten sämtliche Trickanleitungen; wie eine Beschwörung kam er mir vor: «Wichtig! Geheimnis nie verraten.» Christian hatte diese Worte immer mir gegenüber benutzt – jetzt wurde mir klar, woher er sie hatte.

Die alten, vergilbten Zettel liegen gerade vor mir, versehen mit Notizen meines Bruders, und auch in meiner eigenen blassblauen Kinderschrift stehen dort Tipps zur richtigen Vorführung. Jedes Detail aus dem Sommer 1986 taucht beim Auffalten der Trickbeschreibungen wieder in meiner Erinnerung auf.

Christian hatte sich eisern daran gehalten, hatte die Worte ernst genommen, in dem Wissen, dass der Zauber brechen würde, hätte er das Geheimnis preisgegeben. Längst hätte ich nicht mehr an die Münzen gedacht, hätte sie zu den vielen anderen Kindheitserinnerungen gepackt, die in mir vergraben sind. Also machte auch ich diese Formel zu meinem Mantra. Meinem Bruder war es verwehrt gewesen, mich eines Tages vielleicht doch in seine geheime Kunst einzuweihen – ich wäre gern sein Zauberlehrling geworden. Nun lag es an mir, eigenständig in seine Fußstapfen zu treten.

Ohne dass es mir zunächst bewusst war, nahmen Geheimnisse einen sehr großen Platz in meinem Leben ein – und mit ihnen der Grundsatz aus vier Wörtern, der sich unsichtbar durch mein gesamtes Berufsleben, durch jede Vorführung, jeden Vortrag und jedes Interview gezogen hat.

Mittlerweile kenne ich die meisten von Christians geheimen Zaubertricks. Ich habe sie weiterentwickelt, modernisiert und auf große Bühnen gebracht, nur um ihm näher zu sein. Aber teilen konnte ich sie mit ihm nie.

Inzwischen bin ich sehr viel älter als mein großer Bruder. Ich habe eine eigene Familie. Als meine drei Kinder so alt waren wie ich damals beim Bestaunen des «besten Münzkunststücks der Welt», schenkte ich ihnen jeweils eine moderne Version des Tricks. An die benötigten Utensilien zu gelangen war nicht schwer, meine Frau ist die Tochter eines Händlers für Zauberrequisiten. Ich habe meinen drei Kindern eine eigene Anleitung geschrieben und ihnen erzählt, warum genau dieses Kunststück mich so berührt. Die Beschreibung endete mit vier Wörtern, hübsch umrandet:

«Wichtig!
Geheimnis nie
verraten.»

Geheimnisse sind für mich in erster Linie etwas, das diese Welt bereichert. Mich haben Geheimnisse meist beflügelt, sie gaben mir Kraft, haben es mir ermöglicht, Probleme zu überwinden und zu verarbeiten.

Ich liebe Geheimnisse.

TEIL 2

Pssst!

ALLES ZU WISSEN IST LANGWEILIG

*G*röße braucht Mysterium», sagte einmal der französische Präsident Charles de Gaulle. Man kann es auch schlichter formulieren, weniger heroisch, mehr demokratisch: Wir brauchen Geheimnisse. Die Kunstform, die ich öffentlich vor Menschen ausübe, lebt vom Geheimnis und vom Geheimnisvollen. Gäbe es nichts Verborgenes, ich könnte einpacken: Niemand würde sich meine Shows anschauen. Ohne das Geheimnisvolle, Mystische und Rätselhafte wären meine Bühnenprogramme fad und farblos. Denn das Faszinierende ist ja gerade, dass man nicht hinter ihr Geheimnis kommt. Klar, das Publikum würde zu gerne wissen, wie das alles funktioniert. Seit vielen Jahren höre ich den Satz: «Bitte verrate mir doch, wie du das gemacht hast!» Ich ziehe es jedoch vor, das nicht zu tun.

Ich genieße es, auf der Bühne zu stehen und mehr zu wissen, als das Auge des Publikums sieht. Eine ganze Menge ist das übrigens. Ich finde es spannend, in den Köpfen der Zuschauer eine verblüffende und magische Welt entstehen zu lassen, die sie zum Wundern und Nachdenken anregt, über das Alltägliche hinaus. Durch bestimmte Methoden sind wir Zauberer in der Lage, Illusionen entstehen zu lassen. Und je mehr jemand bereit ist, sich einer solchen Illusion hinzugeben, sich auf sie einzulassen, umso größer kann sie sein. Und, für mich nicht erstaunlich: Nur wenige Menschen lehnen eine solche Verzauberung ab.

Umso länger ich mich mit Tricks und Kniffen beschäftigte, mit Wahrnehmungstäuschung und dem Entziffern dessen, was jemand eigentlich *nicht* preisgeben will und dann doch über sich verrät, desto mehr interessierte mich die Psychologie von Geheimnissen und die Frage, was eigentlich ein Geheimnis ist. Mir reichte es nicht mehr aus, die einzelnen Techniken der Täuschung perfekt zu beherrschen, sondern ich wollte mehr erfahren, über die Geheimnisse der alten Zauberer und Priester, über das anvertraute Geheimnis von Freunden, die typischen Geheimnisse von Kindern, das gut gehütete Familiengeheimnis, Geheimnisse in der Partnerschaft, unter Kollegen – streng genommen kann man sich ein Leben ohne Geheimnisse eigentlich gar nicht vorstellen. Wir alle hüten das eine oder andere Geheimnis, behalten lieber etwas für uns, als es anderen zu erzählen.

Aber warum ist das so? Und warum haben Geheimnisse oft einen so schlechten Ruf? Warum wird ein Geheimnis oft mit einer Lüge verbunden? Manchmal scheint dieser Zusammenhang nahezu unausweichlich zu sein. Weil ein Geheimnis in einer Partnerschaft mit Fremdgehen verknüpft wird? Weil es belastet, etwas für sich zu behalten und zu verbergen? Doch stimmt das überhaupt – so pauschal? Kann es nicht auch sein, dass Geheimnisse etwas sehr Positives sein können, dass sie zu den großen Errungenschaften der Menschheit gehören und sie uns dazu gebracht haben, uns selbst zu entwickeln und unsere Autonomie zu bewahren? Ist es nicht auch denkbar, dass wir durch Geheimnisse neugierig werden, die Welt entdecken wollen, so wie ich nie aufgegeben hatte, hinter den Münztrick meines Bruders zu kommen, koste es, was es wolle?

Der Wunsch, Geheimnisse zu enthüllen und hinter das Offensichtliche zu schauen, sich mit dem, was man sieht, nicht zufriedenzugeben, treibt die Menschen seit jeher um.

Sicher, wenn man Geheimnisse damit gleichsetzt, sich selbst und andere absichtlich zu belügen, kann man sie als Betrug auffassen, als Verrat ansehen – und das kann wiederum zu seelischen und körperlichen Problemen führen, zu Depressionen, Herzerkrankungen, zu Angst, Schuldgefühlen. In solchen Fällen kann Wohlbefinden nur erreicht werden, wenn man eine andere Person einweiht, ein Geständnis macht, sein Geheimnis preisgibt – auf diese Aspekte werde ich später noch eingehen.

Aber um solche dunklen, belastenden Geheimnisse und um deren negative Auswirkungen soll es nur am Rande gehen. Es geht mir nicht um Affären, nicht um Diebstahl, Erpressung oder sonstige kriminelle Machenschaften. Nicht um das, was auf der Couch eines Psychiaters zur Sprache kommt. Und auch nicht um geheime politische Absprachen. Vielmehr möchte ich den Blick auf die positive, sinn- und identitätsstiftende Seite von Geheimnissen richten.

Das klingt zunächst vielleicht überraschend, aber Sie werden im Verlauf des Buchs sehen, wie sehr wir von Geheimnissen profitieren können.

Denken Sie doch nur mal daran, wenn Ihr Arzt, Ihr Anwalt, Ihr Psychologe, Ihr Beichtvater offen mit anderen darüber sprechen würde, was er alles über Sie weiß!

Wir Menschen, das ist die These meines Buchs, brauchen Geheimnisse – und sie und das Geheimnisvolle, das sie umgibt, haben uns schon immer fasziniert.

NUR ILLUSION?!

Ich hatte als Dreizehnjähriger das Geheimnis gebraucht, um für mich einen Weg zu finden, mit dem Tod meines Bruders umzugehen, und fing im Laufe der Zeit an, mich mit den Ursprüngen der Zauberkunst zu beschäftigen. Wenn sie für mich so bedeutsam ist, ist sie es vielleicht auch für andere? Wenn mich das Geheimnisumwitterte so fasziniert, dann übt sie diese Faszination vielleicht auch für andere aus?

Ein Blick in die Geschichte bestätigt das: Die erste schriftlich festgehaltene Überlieferung über das Wirken eines Zauberers stammt bereits aus der Zeit um 1800 vor Christus – ist also schon fast 4000 Jahre alt: der *Westcar-Papyrus*. Er erzählt davon, wie der Pharao Cheops, der noch heute durch den Bau der Cheops-Pyramide bekannt ist, den Magier Dedi zu sich rufen ließ. Diesen umgaben sagenhafte Geschichten: Er sei 110 Jahre alt, esse pro Tag 500 Brotlaibe sowie eine komplette Rinderschulter. Weiterhin trinke er täglich 100 Kelche Bier, sei in der Lage, wilden Tieren seinen Willen aufzuzwingen und: Er könne abgetrennte Köpfe wieder anbringen! Davon wollte sich Cheops der Legende nach selbst überzeugen und bot dem Magier einen verurteilten Häftling an. Aber Dedi weigerte sich, einen Menschen zu enthaupten. Stattdessen, so der *Papyrus*, nahm er eine Gans aus der Menagerie des ägyptischen Königs. Dann riss er dem armen Tier den Kopf ab und legte den leblosen Körper des Vogels auf den Boden, ein paar Schritte weiter den Kopf. Nachdem sich jeder Kopf und Körper angeschaut hatte, hob der Magier den Körper auf, ging zum Kopf und nahm ihn ebenfalls in die Hand. Ganz langsam drückte er den Kopf an den Körper der Gans. Die begann plötzlich zu zappeln und zu schnattern, war wieder voller Leben und lief munter davon. Der Pharao war begeistert und wollte dieses Wunder ein weiteres Mal sehen. Also köpfte Dedi einen Pelikan und erweckte ihn wieder zum Leben. Die Legende sagt weiter, Dedi habe obendrein einen Löwen hypnotisiert, der ihm daraufhin fügsam folgte und plötzlich zahm war wie eine Hauskatze.

Unglaublich! Und auch wenn die Erzählung ganz offensichtlich an der einen oder anderen Stelle mit reichlich Phantasie ausgeschmückt worden ist: Dedi muss über eine unglaubliche Gabe verfügt haben, sein Publikum in den Bann zu ziehen und bei ihm Illusionen entstehen zu lassen. Die Aura des Geheimnisvollen –

und damit des Machtvollen! – fasziniert noch heute Zauberer weltweit. Warum? Wie Dedi seine «Enthauptungen» vollbracht hatte, blieb ein Geheimnis; es wurde gehütet und nie verraten. Zahlreiche Menschen haben seither versucht, ihm auf den Grund zu gehen – und daran zeigt sich ein weiteres Spezifikum von Geheimnissen: Sie sind vielschichtig und können für neue Gedanken sorgen, weil sie zu Nachforschungen anregen. Bewusstseinserweiterung ganz ohne Drogen.

Doch kehren wir in die Geschichte zurück. Jochen Zmeck berichtet in seinem *Handbuch der Magie* – ein Klassiker unter Zauberern und auch eines meiner ersten Zauberbücher – von Hero von Alexandria. Er war Ingenieur und Mathematiker, der Anfang des zweiten Jahrhunderts lebte. Hero von Alexandria entwickelte eine geheime hydraulische Mechanik, die dafür sorgte, dass sich die Türen eines Tempels beim Entzünden des Opferfeuers wie von Zauberhand öffneten. Zeitgleich floss Wein in die Opferschale. Der Hohepriester des Tempels nutzte die Kraft dieses Geheimnisses und täuschte damit höhere Kräfte vor. Das Volk war gebannt, wie konnte es auch anders sein – und konnte so im Sinne der Hohen Priester gelenkt werden.

Hier zeigt sich ein weiterer Aspekt von Geheimnissen: Wer Geheimnisträger ist, hat einen Wissensvorsprung und kann diesen für sich und seine Zwecke nutzen (bleibt zu hoffen, dass es gute Zwecke sind).

GEHEIMNISSE SIND SO ALT WIE DIE MENSCHHEIT

Früher lebten die Menschen eng in Familienverbänden, Stämmen und Dorfgemeinschaften zusammen. Zur Abgrenzung, aber ebenso zum Schutz vor Eindringlingen entwickelten sich Geheimriten und Rituale. Das fing schon im kleinsten Bestandteil der Gemeinschaft an, der Familie. Sie ist die Zelle der Gesellschaft. Was hier passierte, blieb auch hier. Krankheiten, Geldnöte, Streitigkeiten – kurzum alles, was sich innerhalb der Familie ereignete und nur für ihre Augen und Ohren bestimmt war, drang auch nicht nach draußen. Es war geheim.

Auch in der Berufswelt, in bestimmten Ständen und Berufsgruppen gab es schon immer Geheimwissen, das nur vom Meister auf auserwählte Schüler übertragen wurde. Die Aufnahme in bestimmte Berufe wurde mit geheimen Bräuchen ritualisiert. Geheimrezepte, Kampftechniken, Medizin – fast jeder Beruf hat in seiner Entstehungsgeschichte exklusives Fachwissen gesammelt. Insbesondere die Kenntnisse der Heiler, weisen Kräuterfrauen und Magier wurden lange Zeit streng geheim gehalten und sollten unter keinen Umständen der Allgemeinheit zugänglich gemacht werden.

Als Künstler sich im Mittelalter zu Gilden zusammenschlossen, bezeichnete man ihre jeweiligen Fertigkeiten als ihr «Geheimnis». Die Tradition hält sich bis heute. Wir verraten unsere Betriebsgeheimnisse nicht. Es sind geschützte Informationen, genau wie das Rezept von Coca-Cola oder der Algorithmus von Facebook. Die Exklusivität dieses Geheimwissens erfüllte damals wie heute eine einfache Aufgabe: Die Geheimnisse reduzierten die Konkurrenz. Im Falle von Heilmitteln gab es einen zusätzlichen Nutzen, denn deren Wirksamkeit wurde oftmals durch das Geheimnis um die Inhalte und die Riten der Herstellung sogar gesteigert.

Allerdings konnte solches Geheimwissen auch schnell gefährlich werden: Es gab immer Strömungen, im Mittelalter vor allem innerhalb der Kirche mit der Inquisition, die eine Gefahr in Heilern, Kräuterfrauen oder Menschen mit «magischen» Kräften sahen: Gefahr deshalb, weil sie durch sie die Deutungshoheit über

«Wunder» und damit an Einfluss zu verlieren glaubten und keine Konkurrenz zur christlichen Weltsicht zulassen wollten. Wer unbequem wurde oder der Kirche im Weg stand, der wurde beschuldigt, mit dunklen Mächten in Verbindung zu stehen. Das ist der Grund, warum die Gaukler und Taschenspieler die Ersten waren, die zugaben, dass sie mit Tricks arbeiteten.

Die Gefahr der Verfolgung war dennoch sehr groß. 1487 veröffentlichten die Dominikaner Jakob Sprenger und Heinrich Kramer das Buch der «teuflischen Künste», den *Hexenhammer* (lateinisch *Malleus maleficarum*). In diesem Buch beschreiben sie, anhand welcher Prüfungen man eine Hexe erkennen kann, nach welchen Regeln man ihr den Prozess macht – und wie man foltert.

Laut Kramer und Sprenger sind Frauen grundsätzlich für alles verantwortlich, was sich an Schlechtem in der Menschheit ereignet hat. Schon bei der Schöpfung benachteiligt, seien sie generell anfällig für schwarze Magie und ein Übel der Natur. Ich schwöre Ihnen, das erfinde ich nicht gerade, das steht da wirklich!

Kein Wunder, dass Frauen die Schuld für so ziemlich alles in die Schuhe geschoben wurde, was gerade schieflief. Und das war Ende des 15. Jahrhunderts eine Menge: Extrem kalte Winter verursachten Ernteausfälle und führten in weiten Teilen der Bevölkerung zu Hunger. Und dann kam auch noch die Pest über die Menschen. Nach der perversen Logik der Autoren waren «Hexen» mit ihrem «Schadenszauber» für diese Katastrophen verantwortlich.

Der *Hexenhammer* sorgte am Ende dafür, dass in ganz Europa die Scheiterhaufen brannten. Es konnte nahezu jeden treffen.

Gnadenlose Inquisitoren zogen folternd und mordend durch die Lande, im Namen Gottes. Alleine die im *Hexenhammer* beschriebenen «Hexenproben» sind an Perversion nicht zu überbieten. Bei der Feuerprobe musste die Angeklagte beispielsweise ihre Hand ins Feuer stecken. Einige Tage später wurde die Hand dann untersucht. War sie unverletzt, war die Angeklagte unschuldig. Bei Brandverletzungen war die Schuld bewiesen, «Gottesurteil» nannte man das. Daher stammt übrigens die Redewendung: «Für den lege ich meine Hand ins Feuer.»

Eine andere Probe war die *Nadelprobe*. Hierzu schor man den Kopf der Angeklagten, anschließend wurde sie nackt vor den Scharfrichter geführt. Ein Gehilfe suchte den Körper nach Muttermalen, Leberflecken oder Warzen ab. Wurde ein solches Mal gefunden, stach der Scharfrichter mit einer Nadel hinein. Zeigte die Gestochene keine Anzeichen von Schmerz oder blutete die Stichwunde nicht, so behauptete man, ein «Hexenmal» entdeckt zu haben. Die Person endete auf dem Scheiterhaufen.

Einige der verwendeten Nadeln sind noch heute erhalten. Bei ihrer Untersuchung machte man eine unglaubliche Entdeckung: Die Spitze ist im Griff versenkbar! Drückte man mit einer solchen Nadel in ein «Hexenmal», passierte natürlich nichts. Kein Schmerz und kein Blut. Ein Beweis dafür, dass auch die Kirche mit Tricks arbeitete.

Der Engländer Reginald Scot wollte diesem Treiben nicht mehr tatenlos zusehen. Scot, Schriftsteller und Arzt, veröffentlichte 1584 das Buch *The Discoverie of Witchcraft*. Scot erklärt darin die Tricks der Taschenspieler und zeigt, dass man für vermeintliche Wunder nicht mit dem Teufel in Verbindung stehen muss, sondern dass es auch andere Erklärungen gibt. Damit ist Scot einer der ersten Whistleblower der Geschichte.

Geheimnisse gibt es also, seit es die Menschheit gibt. Sie sind gebunden an Gesellschaften, in denen sie entwickelt worden sind, mit Intentionen, die dem einen gelegen kommen, einem anderen womöglich nicht. Wir finden sie überall und in unterschiedlichen Formen. Egal ob in der Familie, in Freundschaften, bei der Arbeit, in der Politik oder in den Shows moderner Magier. Ganz gleich ob in der Liebe oder in unseren Hoffnungen und Träumen – überall sind Geheimnisse mit im Spiel. Wir sind umgeben von Codes, Geheimnummern, PINs, Rätseln und Chiffren.

Geheimnisse scheinen tatsächlich eine grundlegende Funktion für unser Menschsein zu haben – das möchte ich in den folgenden Kapiteln noch einmal näher untersuchen.

Ralph Waldo Emerson, ein US-amerikanischer Philosoph, der die Natur vergötterte und Präsident Abraham Lincoln eine moralische Stütze war, sagte einmal etwas, das mir gut gefällt: «Mir ist lieber, in einer von Geheimnissen umgebenen Welt zu leben, als in einer, die so klein ist, dass mein Verstand sie begreift.»

GAR NICHT GEHEIM – WAS IST EIGENTLICH EIN GEHEIMNIS?

Jetzt haben wir so viel über Geheimnisse in den unterschiedlichsten Zusammenhängen gesprochen, und man merkt: Die Angelegenheit ist komplex. Deshalb sollten wir uns zunächst vielleicht erst mal mit der Frage beschäftigen: Worüber reden wir eigentlich, wenn wir über Geheimnisse reden? Was charakterisiert sie?

Früher sprach man in diesem Zusammenhang auch von Mystik, von einem Mysterium. Das Wort «Mysterium» (volkstümlich abgeleitet von *myo*, «den Mund schließen») verweist schon auf ein Geheimnis. Hier ist allerdings keine verschwiegene Information gemeint, sondern eher etwas, das sich der Erklärbarkeit prinzipiell entzieht, ein Ereignis, dem man mit logischem Denken nicht auf den Grund gehen kann.

Der Reformator Martin Luther benutzte das Wort «Geheimnis» im Jahr 1521 als Erster, um den Ausdruck «Mysterium» ins Deutsche zu übersetzen. Und «geheim» bedeutete nach Luther «zum Heim gehörend» beziehungsweise «vertraut». Was zu unserem Haus gehört und in ihm passiert, ist uns vertraut. Es findet in unserer geschützten Umgebung statt. Außenstehende bekommen davon nichts mit, sie sind, was das Private betrifft, unwissend. Im Gegensatz dazu steht das Wort «unheimlich», das auf das Fremde und Bedrohliche verweist.

Der Münchner Dichter Christian Morgenstern sagte einmal: «Es gibt kein Geheimnis an sich, es gibt nur Uneingeweihte aller Grade.» Dieser Satz gefällt mir wohl auch deshalb so gut, weil dieser Versuch einer Definition von «Geheimnis» an sich schon wieder geheimnisvoll klingt. Wer sind die Uneingeweihten? Bin ich der Eingeweihte und Sie nicht? Ist Ihr Nachbar uneingeweihter als Sie, weil Sie gerade dieses Buch lesen?

Und wie ist die Formulierung «aller Grade» zu verstehen? Um ihr nachzugehen, könnte man zum Beispiel mit unterschiedlichen beruflichen Graden anfangen, denn es könnte ja sein, wenn man sich dem Geheimnis nähern möchte, dass es darauf ankommt, wen das Geheimnis betrifft. Ein Jurist wird ein Geheimnis zwangsläufig anders erklären und werten als ein Therapeut, ein Soziologe oder ein Künstler. Ein Rechtsanwalt denkt womöglich sofort an seine Verschwiegenheitspflicht, an die rechtliche Verpflichtung bestimmter Berufsgruppen, ihnen anvertraute Geheimnisse nicht weiterzugeben. Denn laut Strafrecht sind Geheimnisse «Tatsachen, die nur einem beschränkten Personenkreis bekannt sind und an deren Geheimhaltung der Geschützte ein sachlich begründetes Interesse hat». Es macht also einen erheblichen Unterschied, wer ein Geheimnis definiert, von welcher Seite es beleuchtet wird.

Gail Saltz, Professorin an der Cornell School of Medicine in New York, nimmt in ihrem 2006 erschienenen Buch *The Anatomy of a Secret Life* Luthers Geheimnis-Definition auf, geht aber noch einen

Schritt weiter. Ihrer Meinung nach geben uns Geheimnisse «einen sicheren Hafen, der uns die Freiheit gibt, herauszufinden, wer wir sind». Da ist sie wieder, die eigene Entwicklung, die Autonomie, die jeder benötigt, um sich seiner selbst bewusst zu werden. Um sich selbst kennenzulernen. Saltz zufolge sind Geheimnisse Teil eines jeden Lebens.

Und meine Definition von Geheimnis, die Definition eines Zauberkünstlers? Sie wechselt, doch mit der Formel, die ich im Koffer meines Bruders gefunden habe: «Wichtig! Geheimnis nie verraten» – nähere ich mich einer Definition an. Für mich ist alles, was ich bewusst bei mir behalten und nicht mitteilen will, zunächst mein Geheimnis. Immerhin gibt es eine kleine Übereinstimmung mit der strafrechtlichen Definition, nach der ein Geheimnis ja nur einem kleinen Personenkreis bekannt ist. In meinem Beruf sind es vor allem nur Kollegen, die mit den Tricks und Rätseln vertraut sind. Da passt es, was der niederländische Psychologe Andreas Wismeijer über Geheimnisse zu sagen hat: Er ist der Ansicht, dass ein Geheimnis dann vorliegt, wenn ein Sachverhalt absichtsvoll vor anderen geheim gehalten wird. Während das bei mir als Künstler bestimmte Techniken und Methoden sind, beinhalten Geheimnisse bei Wismeijer Fakten, Emotionen und Leidenschaften. Aber auch Gegenstände können ein Geheimnis sein oder in sich bergen: ein versiegeltes Tagebuch, der alte verschlossene Koffer auf dem Dachboden, ein Ring, dessen Bedeutung nur zwei Liebende kennen. Wen hat es nicht schon in den Fingern gekribbelt, ein Tagebuch verbotenerweise zu lesen oder ein Schloss aufzubrechen, um zu erfahren, was einem vorenthalten wird? Fallen Begriffe wie «Bernsteinzimmer», «Nibelungenhort» oder «Atlantis», beflügeln sie augenblicklich unsere Phantasie.

Geheimnisse sind nicht nur zurückgehaltene Informationen, sie beinhalten auch eine Sphäre, die als geheimnisvoll erlebt wird.

Jeder von uns hat als Kind den Zauber bestimmter Orte erlebt: eine Höhle im Gebüsch, den Dachboden bei den Großeltern. Diese Geheimnisse bestehen nicht aus fassbaren Inhalten, die vor anderen verborgen werden, sondern aus faszinierender Atmosphäre. Mit der zunehmenden Entzauberung unseres Alltags und dem Wissen der Naturwissenschaften erscheint im ersten Moment alles erklärbar, doch auch wir Erwachsene spüren immer wieder dieses atmosphärische Geheimnisvolle.

Sie mögen mir meine Schwärmerei verzeihen, aber ich finde, sehr viele Geheimnisse haben eine innewohnende Schönheit. Mit dieser Schönheit ist nichts Esoterisches gemeint, auch nichts, was Modemagazine interessieren könnte, es betrifft etwas ganz Konkretes. Sie alle kennen die Verwandlung einer Raupe in einen Schmetterling. Ein unglaublicher Vorgang. Verzauberung pur. Wie ist das möglich? Was im Innern des Kokons passiert, fasziniert uns vor allem aus dem Grund, dass wir den Prozess der Veränderung nicht nachverfolgen, nicht beobachten können. Er entzieht sich unseren Blicken. So hässlich die kleine dicke Raupe zunächst daherkommt, so unfassbar strahlend, filigran und wohlgestaltet erscheint uns später der herumflatternde Schmetterling. Wie findet seine Transformation statt?

Was wir nicht genau sehen können, was uns verborgen bleibt, zieht uns in seinen Bann. Das beginnt bei der Wundertüte und dem Überraschungsei und endet noch längst nicht bei unseren Tagebüchern: Wir sind umgeben von Geheimnissen, wohin wir blicken. Geheimnisse geben uns zu verstehen, dass es ziemlich langweilig mit uns wäre, wenn es nicht diesen geheimnisumwitterten Kokon gäbe.

Ich persönlich liebe deshalb Gegenstände, die mit einem Geheimnis verbunden sind. Zur Taufe unseres Sohnes Vincent hatte sein Pate die Idee, ihm eine Art Schatztruhe in Miniaturausgabe

mit persönlichen Gegenständen zusammenzustellen. Urgroßeltern, Großeltern, Geschwister, Cousins und natürlich wir, die
Eltern, waren gefragt. Wir sollten unser Geschenk in die Schachtel
legen, begleitet von einem handschriftlich verfassten Brief. Wie
die Briefe sollten aber auch die Gegenstände einen Bezug zu meinem Sohn haben. Noch immer steht diese Schachtel in seinem
Zimmer, versiegelt und verschlossen. Zu seinem achtzehnten
Geburtstag werden wir ihm den Schlüssel aushändigen (ein paar
Jahre muss er noch durchhalten). Kein Mensch weiß genau, was
die Kiste alles enthält, da jeder Einzelne nur sein persönlich ver-
packtes Geschenk und seinen Brief hineingegeben hat. Die Strahl-
kraft, die von dieser Schachtel ausgeht, ist kaum in Worte zu
fassen. Für alle in unserer Familie hat sie eine unglaubliche Magie.
Sie hat eine Seele, denn sie enthält geheime Botschaften – im Falle
der Urgroßeltern sogar von Menschen, die inzwischen nicht mehr
leben. Immer wieder schleicht mein Sohn um diese wundersame
Kiste mit ihren verborgenen Geheimnissen, um sie liebevoll, neugierig und ehrfürchtig zu begutachten. Er ist gespannt bis aufs
Letzte: Nur zu gern würde er in Erfahrung bringen, was alles darin
ist. Aber niemals würde er sie öffnen – das Geheimnisvolle flößt
Respekt ein.

SICH MIT DEM VERBORGENEN VERNETZEN

Beschäftigt man sich mit dem sozialen Aspekt von Geheimnissen,
stößt man unweigerlich auf den Namen des Soziologen Georg
Simmel. Denn von ihm stammt eine grundlegende Analyse zum
Thema Geheimnis. In seinem Hauptwerk *Untersuchungen über die
Formen der Vergesellschaftung*, das 1908 erschien und in dem er ver-
sucht, der sozialen Wirklichkeit auf den Grund zu gehen, gibt es

das Kapitel V «Das Geheimnis und die geheimen Gesellschaften». Wann immer jemand über Geheimnisse referiert, wird daraus zitiert, insbesondere jener Satz, den ich selbst schon etwas abgewandelt aufgegriffen habe: «Das Geheimnis ist eine der größten geistigen Errungenschaften der Menschheit.» Simmel war der Ansicht, dass der Mensch erst durch das Geheimnis ein Gefühl für seine Individualität bekommt. Diese wiederum stünde in Wechselwirkung mit sozialen Beziehungen. Hierbei interessierte den Soziologen vor allem, wie Geheimnisse soziale Beziehungen stiften. Zwei Akteure teilen Informationen, die sie vor anderen, einem Dritten verbergen. Dadurch konstruieren sie in ihrem sozialen Umfeld eine Schranke zwischen Wissenden und Nichtwissenden.

Nach Simmel nehmen Verbergungstechniken oft die Form einer «aggressiven Defensive» gegenüber den ausgeschlossenen Dritten an. Ein Geheimnis löst bei Nichteingeweihten nämlich oft einen Enthüllungswunsch aus. Das kenne ich als Mentalist natürlich nur allzu gut: Vor vielen Jahren hat sich ein Zuschauer bei einem Auftritt in einem Restaurant sogar unter den Tisch gelegt, weil er dachte, aus dieser Perspektive könne er meine Geheimnisse lüften. Ein anderer hat mir mal 5000 Euro geboten, wenn ich ihm verraten würde, wie ich den Namen seiner Tochter herausgefunden habe. (Nebenbei bemerkt war das ziemlich leicht gewesen: Er hatte ihn auf den Unterarm tätowiert …)

Der «aggressiven Defensive» der Geheimnisträger steht die «aggressive Offensive» der Enthüller gegenüber. Geheimnisse besitzen demnach eine dualistische Struktur: Nichteingeweihte unternehmen Enthüllungsversuche und die Geheimnisträger verteidigen ihr Monopol. Jedes Mitglied einer Partei ist jedoch potenzieller Überläufer ins feindliche Lager; daher ist die ursprüngliche Konstellation stets der Gefahr ausgesetzt, sich zu verschieben oder total zu verändern. Es können Konflikte entstehen, aber durch die geweckte Neugierde neue zwischenmenschliche Beziehungen geknüpft und verstärkt werden. Das wiederum bedingt gesellschaftlichen Zusammenhalt.

Man kann die soziale Komponente von Geheimnissen aber auch einfacher fassen: Sie schützen uns in zwischenmenschlichen Beziehungen vor Verletzungen und sichern uns somit unsere soziale Stellung. Wir sagen nicht immer, was wir denken, und halten unsere wahre Meinung geheim – und das ist oft auch gut so. Bei der Psychologin Ursula Nuber heißt es in ihrem Buch *Lass mir mein Geheimnis! Warum es gut tut, nicht alles preiszugeben*: «Absolut ehrlich kann man nur sein, wenn einem der andere nichts bedeutet.»

Es gibt viele Dinge, die wir aus Rücksicht auf andere, aber auch auf uns selbst nicht mit jedem besprechen. Keiner sagt einer Gastgeberin, dass sie schlecht gekocht hat oder dass ihr das Kleid oder die neue Frisur nicht steht. Und wer würde in der Mittagspause ausplaudern, dass er sich nebenher nach einem neuen Job umsieht?

Die Sozialpsychologin Catrin Finkenauer von der niederländischen Universität Utrecht fand heraus, dass wir die meisten unserer Geheimnisse mit mindestens einer Person teilen, und genau das stärke die sozialen Bande. «Geheimnisse sind die Währung der Freundschaft», schreibt sie, eine Eintrittskarte in die engere Beziehung zu einem Menschen. Denn Menschen wägen genau ab, wem sie sich anvertrauen. So steuern sie über Geheimnisse auch, wem sie sich nähern und wem sie fremd bleiben.

Es gibt also viele gute Gründe, warum sich Heimlichkeiten unter Menschen etabliert haben. Durch das Teilen von Geheimnissen wird die zwischenmenschliche Bindung gestärkt, und dadurch, dass man dem anderen etwas Besonderes anvertraut, wird diese Beziehung zu etwas Einzigartigem. Geheimnisse werden so quasi zur Währung für Intimität. Mit ihnen wird Handel betrieben. Geheimnisse sind eine Investition in zwischenmenschliche Beziehungen, die ohne diese Exklusivität nicht wirklich funktionieren kann. Doch wie bei jedem Handel sollte am Ende die Bilanz stimmen.

«Ach wie gut, dass niemand weiß, dass ich Rumpelstilzchen heiß!» war nur so lange für das um das Feuer hüpfende Männchen von Vorteil, als sein Leben noch an das Geheimnis gebunden war, dass niemand seinen Namen kannte. Nachdem es belauscht worden und der Name weitergegeben worden war, wurde der Existenz von Rumpelstilzchen ein Ende gesetzt.

Und so ist es: Unsere Geheimnisse sind stets der Gefahr ausgesetzt, dass sie verraten werden können, von potenziellen Feinden, von Menschen, die einzig und allein von der Lust getrieben werden, Geheimnisse per se zu enthüllen – ganz gleich, ob das von Vor- oder Nachteil ist.

Ich machte eine solche Erfahrung im Religionsunterricht: Als mein Religionslehrer mich in der letzten Stunde vor den Sommerferien bat, ein paar Kartentricks für meine Klassenkameraden zu zeigen, willigte ich nur zögerlich ein. Ich wusste schon, warum, denn als ich mein heißgeliebtes Trickspiel auspackte, nahm der Lehrer es mir in einem unachtsamen Moment ab und untersuchte es argwöhnisch. Ich saß machtlos daneben. Innerhalb von Sekunden hatte er bemerkt, dass das Spiel zur Hälfte aus identischen Karten bestand. Unter den zweiundfünfzig Karten befand sich sechsundzwanzigmal die Karo Acht. Das demonstrierte er dann auch stolz der gesamten Klasse, als hätte er selbst einen tollen Trick vorgeführt – und nicht eines meiner Geheimnisse gelüftet. Ausgerechnet der Religionslehrer wollte rational sein. Ich fühlte mich elend – es war, als hätte mir der Lehrer mit jeder Karo Acht, die er demonstrativ meinen Mitschülern zeigte, eine Ohrfeige verpasst.

Dass Geheimnisse und vor allem auch ihre Enthüllung einen enormen Wert haben, das wussten die Menschen schon immer, und vor allem die Mächtigen dieser Welt nutzen dieses Wissen. Nicht von ungefähr unterbreitete 1650 Athanasius Kircher, ein Jesuit und Universalgelehrter, den Vorschlag, Hörrohre in die fürstlichen Palastmauern einzubauen, um die Gespräche der Untertanen belauschen zu können.

Doch erst die Tatsache, dass wir entscheiden können, gewisse Dinge *nicht* preiszugeben, macht uns zu wirklich freien Menschen. Wir brauchen diese Freiheit, um uns entfalten zu können. Geheimnisse bieten uns eine Möglichkeit, uns zu schützen.

GEHEIMNISSE IN KINDERSCHUHEN

Als ich als Jugendlicher meiner Familie und meinen Klassenkameraden meine ersten Tricks zeigte, war mir nicht bewusst, welche Welt ich in diesem Moment betrat. Mit jeder Spielkarte, an die jemand gedacht hatte und die ich herausfand, mit jedem Seil, das ich zerschnitt, um es wieder an einem Stück erscheinen zu lassen, reihte ich mich in eine uralte Tradition ein, gesellte ich mich zu jenen Menschen, die das scheinbar Unmögliche möglich machten, das Undenkbare denkbar. Durch das Öffnen des alten Lederkoffers meines Bruders war ich plötzlich ein solcher Mensch geworden. Ich spürte, dass ich für meine Mitmenschen auf einmal etwas Besonderes an mir hatte. Schlagartig umgab mich eine Aura. Ich hatte Geheimnisse – und das machte mich charismatisch. Das Unerklärliche zog mich und damit auch meine Zuschauer in seinen Bann.

Kein Wunder, dass ich den Wunsch hatte, mehr Tricks zu lernen. Auf dieses großartige Gefühl wollte ich nicht mehr verzichten. Wusste ich, dass wir zu Hause Besuch haben würden, synchronisierten mein bester Freund und ich unsere Uhren und verabredeten eine feste Zeit, zu der er mich anrufen sollte. Einige Sekunden vor der verabredeten Zeit blickte ich wie abwesend aufs Telefon und sagte: «Gleich ruft uns jemand an.» Als das Telefon nur wenige Sekunden später klingelte, blieb der Kaffeeklatschrunde die Spucke weg. Ich merkte sehr schnell, dass ich auf etwas gestoßen war, das Tiefe besaß: Menschen, die ich als leidenschaftslos kannte, zeigten plötzlich Emotionen. Als ich den Ring einer Tante, die praktisch nie lachte, direkt vor ihren Augen in eine reife Zitrone zauberte, die die ganze Zeit schon auf dem Tisch gelegen hatte, strahlte diese sonst so mürrische Frau, wie ich es bei ihr noch nie zuvor gesehen hatte. Meine Geheimnisse, oder vielmehr die ehemaligen Geheimnisse meines Bruders, machten Menschen glücklich. Sie beseelten Menschen, ließen sie anders werden, etwas von ihrem Ich zeigen, das womöglich verschüttet gewesen war.

Als es meiner Großmutter, die mir sehr nahestand, nicht mehr gutging, konnte sie sich immer noch daran erfreuen, wenn ich mit Karten oder Münzen oder anderen Gegenständen vor ihren Augen zauberte. Für einen kurzen Moment waren die körperlichen Beschwerden vergessen. Bei meinem Bruder war es ähnlich gewesen.

Das war für mich unglaublich – ich konnte so etwa bei Menschen auslösen: ich. Ein unbeschreibliches Gefühl. Sicher auch dadurch gefördert, dass ich keine Probleme mit der Geheimhaltung hatte. Niemand durchschaute mich. Und irgendwie hatte ich zudem das Gefühl, dass ich die Geheimnisse brauchte, um erwachsen zu werden.

Aber wie ist das mit Kindern, die keinen Zauberkasten besitzen? Auch sie besitzen Geheimnisse, müssen welche besitzen, wenn diese zu unserer menschlichen Entwicklung gehören. Wie oft hatten Christian und ich etwas ausgeheckt, das wir nie und nimmer unseren Eltern erzählen wollten. «Pssst!», hieß es da. «Aber nicht Mama oder Papa sagen!» Es sollte unter uns bleiben, das ging Erwachsene nichts an. Aber ab wann fängt ein Kind an, vor den Eltern Geheimnisse zu haben? Und warum sind Geheimnisse für sie förderlich?

Steven Spielberg, der US-amerikanische Regisseur, sagte einmal: «Das Schöne an Kindern ist, dass sie in ihrer eigenen Phantasiewelt leben und nicht von der Gesellschaft korrumpiert worden sind. Sie haben noch keine Grenzen in ihrem Denken und sind frei.»

Noch bis zum Alter von ungefähr vier Jahren gehen Kinder davon aus, dass alle alles über sie wissen. Sie erzählen völlig offen, was in ihnen vorgeht. Bewusstes Lügen oder ein beabsichtigtes Zurückhalten von Erlebtem oder Gedachtem findet nicht statt.

Manchmal erzählen die Kleinen vogelwilde Geschichten, die angeblich passiert sind, die aber ganz offensichtlich nicht stimmen *können*. Ich weiß das von meinen Kindern. Kleine Kinder tun das allerdings (noch) nicht, um andere zu täuschen, sondern weil sie sehr viel Phantasie haben und die zuweilen mit ihnen durchgeht.

Doch dabei bleibt es nicht: Mit ungefähr vier, fünf Jahren entdecken Kinder, dass sie so etwas wie eine eigene Identität besitzen – und damit die Möglichkeit, etwas für sich behalten zu können. Fortan wird nicht mehr alles erzählt, da wird ausgewählt.

Die Psychologinnen Elisabeth H. Flitner und Renate Valtin haben in einer umfangreichen Studie untersucht, was Kinder unter dem Begriff «Geheimnis» verstehen. Hierzu wurden Jungen und Mädchen in einem Alter von fünf bis achtzehn Jahren befragt. Das

Ergebnis der Untersuchung: In erster Linie dienen Geheimnisse den Kindern dazu, sich von der Erwachsenenwelt abzugrenzen. Das Wesen eines Geheimnisses liegt für die Kleinsten darin, dass es niemandem mitgeteilt wird. Es wird nicht geteilt! Sobald jemand davon erfährt, ist es ja gar kein Geheimnis mehr. Das Geheimnis dient nicht, wie bei älteren Kindern, der Verbindung unter Freunden, sondern ist vor allem eine Grenze zwischen dem eigenen Ich und allen anderen. Niemand darf wissen, dass ich ein Geheimversteck unter meinem Bett habe. Dass ich die Gummibärchen meines Bruders aufgegessen habe. Dass mein bester Freund ein blauer Tiger ist, der im Kinderzimmer in einer Schublade wohnt.

Mit vier, fünf Jahren entdecken Kinder also ihre eigene Welt, und sie entdecken die Möglichkeit, sich selbst zu verstecken. Mama weiß nicht, wo ich bin! Dieses Gefühl ist neu, beängstigend, aber auch aufregend: Mama weiß nicht alles! Kinder beginnen dann zu realisieren, dass sie Dinge erleben, von denen ihre Eltern nichts wissen. Das Geheimversteck im Kindergarten, die neue Freundschaft. Sie beginnen ihre eigene Sexualität zu entdecken und fangen an zu ahnen: Wenn sie selbst eine eigene, geheime Identität besitzen, so könnte das doch auch für alle anderen gelten! Sogar für ihre Eltern. Bis zu diesem Zeitpunkt waren Vater und Mutter allwissend – wie die alten Magier. Sie waren undurchschaubar, hatten auf alles eine Antwort und gaben die Regeln vor. Durch eigene Geheimnisse eignen sich Kinder einen Teil der elterlichen Macht an. Was für ein Erlebnis!

Für Ursula Nuber ist es von größter Bedeutung: «Wenn ein Kind entdeckt, dass es etwas vor den Erwachsenen geheim halten kann, lernt es sich als autonomes, unabhängiges Wesen kennen. (...) Diese Erfahrung ist unbedingt notwendig für eine stabile, seelische Entwicklung. Ohne Geheimhaltung ist die Entwicklung zu einem eigenständigen Menschen nicht denkbar. Ein autonomes

Selbst nimmt seinen Anfang in den kleinen, harmlosen Geheimnissen der Kindheit.»

Anders gesagt: Wenn ein Kind aufbricht, die Welt zu erobern, und sich von seinen Eltern zu lösen beginnt, findet es Freunde im Kindergarten und in der Schule. Dort helfen ihm die Geheimnisse nicht nur, seinen Platz zu finden und Beziehungen zu steuern – ihm wird auch bewusst: geschickt eingesetztes Wissen verleiht Macht.

Für Vorschulkinder gibt es nur schöne Geheimnisse, die der Abgrenzung dienen. «Böse», verbotene Dinge werden in der Regel nicht als Geheimnisse wahrgenommen, sondern als Regelverstöße, die auch gepetzt werden dürfen. Den Belastungen durch ein böses Geheimnis sind Vorschulkinder noch nicht gewachsen, weshalb Eltern sie von ihnen möglichst fernhalten sollten. Das bedeutet natürlich nicht, dass man Kindern eine heile Welt vorspielen soll. Ganz im Gegenteil: Kinder müssen erfahren, dass es sehr üble Sachen in der Welt gibt und dass sie gerade diese Dinge nicht für sich behalten dürfen, sondern sich in solchen Fall den Eltern anvertrauen sollten. In Selbstbehauptungskursen für Kinder wird eine einfache, aber sehr effektive Regel aufgestellt: Sobald ein Kind das Bauchgefühl hat, dass da gerade etwas nicht in Ordnung ist, sollen sie es einem Erwachsenen ihres Vertrauens mitteilen.

Allerdings bleibt, um Geheimnisse zu bewahren, die Lüge nicht aus. Robert Feldman, Professor für Psychologie an der University of Massachusetts, beschäftigt sich mit der Psychologie des Lügens. Seine Forschungsergebnisse zeigten, dass Menschen, die sich kennenlernen, in den ersten zehn Minuten durchschnittlich dreimal lügen. Hierzu lud er 121 Studenten zu einem zehnminütigen Gespräch mit einem ihnen unbekannten Menschen ein, dem sie sich als sympathisch oder kompetent präsentieren sollten. Das Treffen wurde aufgezeichnet und anschließend den Studenten vorgespielt. 60 Prozent gaben dabei zu, Lügen eingestreut zu haben. Es gab kleinere Lügen (Sympathiebekundungen, die nicht zutrafen), aber auch größere (so gab sich ein völlig unmusikalischer Student als Mitglied einer Rockband aus).

In einem weiteren Test bat Feldman seine Probanden erneut zu einem Gespräch mit einem Unbekannten. Der einen Hälfte wurde gesagt, dass sie ihren Gesprächspartner niemals wiedersehen würden, der anderen, dass noch drei weitere Treffen folgen würden. Die Lügenquote lag dieses Mal in beiden Fällen um 20 Prozent höher als beim ersten Versuch, bei fast 80 Prozent. Vor allem weibliche Probanden logen deutlich häufiger, wenn sie von weiteren Treffen ausgingen. Sie wollten wohl ein gutes Image für zukünftige Treffen aufbauen. Man weiß ja nie, wofür es noch gut sein kann ...

Feldman: «Sozial geschickte Menschen lügen häufiger. Sie verstehen besser, was die soziale Situation erfordert. Weniger beliebte Menschen sind nicht so sensibel dafür, was ihre Gesprächspartner hören wollen, daher sind sie eher verletzend. Gute Lügner sind sympathischer.»

Kein Wunder, dass Kinder schon früh mit der unterschiedlichen Bewertung von Lügen konfrontiert werden. Ehrlichkeit gilt als wichtige Regel, doch dass der Pullover von Opa hässlich ist oder der Nachbar zu dick, soll man lieber verschweigen (oder auch mal das Gegenteil behaupten). Kinder erfahren, dass man seine Gedanken und Gefühle nicht in jedem Fall offenlegen soll.

So lernen sie im Laufe ihrer Entwicklung, dass sie mit einem Geheimnis auch die Gefühle anderer Menschen schützen können.

Im Alter von etwa acht Jahren bekommt, so Renate Valentin in ihrem Aufsatz «Kannst du schweigen wie ein Grab?», das Geheimnis eine soziale Funktion, indem es Freunde zusammenschweißt. Freunde verraten einander nicht. Neben dem «schönen Geheimnis» gibt es bei Zwölfjährigen auch dunklere. Ein Geheimnis kann nun durchaus auch etwas Verbotenes beinhalten. Die Geheimhaltung wird damit begründet, dass man bestraft werden kann. Der Lehrer würde es sicher nicht gut finden, wenn er wüsste, dass man über den verbotenen Zaun geklettert ist. Und die Eltern würden bestimmt schimpfen, wenn sie herausbekämen, dass man YouTube schaut, anstatt Hausaufgaben zu machen.

Ob ein Kind sich seinen Eltern anvertraut oder viele Geheimnisse vor ihnen hat, hängt auch davon ab, welche Bedeutung Eltern den Geheimnissen von Kindern beimessen. Reagieren Eltern sehr besorgt oder sogar mit Bestrafung auf ein kindliches Geheimnis, so wird der Sprössling in Zukunft noch mehr Energie auf Geheimhaltung und das damit eventuell verbundene Lügen legen. Für gegenseitiges Vertrauen ist deshalb das Zugestehen von Privatsphäre sehr wichtig.

Vor ein paar Monaten öffnete ich die Tür zum Zimmer meiner dreizehnjährigen Tochter Carlotta, nicht ohne vorher anzuklopfen und danach in Gedanken bis drei gezählt zu haben. Beim Eintreten sah ich, wie sie schnell einen Stapel Papier unter den Schrank schob und dann betont unauffällig «Hallo» sagte. Es war völlig klar: Sie hatte etwas vor mir verstecken wollen. Ich vertraue meinen Kindern. Wenn sie mir etwas nicht sagen möchten, wird das einen Grund haben. Außerdem war mir klar, dass es sich um kein großes oder gar negatives Geheimnis handeln konnte, denn sonst hätte sie nicht so cool bleiben können. Ich beschloss, das Gesehene nicht zu kommentieren. Carlotta tat so, als hätte sie nichts zu verbergen. Im Gegenzug gab ich vor, als hätte ich nichts bemerkt. Wie sich zeigen sollte, war das eine gute Entscheidung.

Zwei Tage später kam meine Tochter abends zu mir, ich spielte gerade Gitarre, «Gravity» von John Mayer. Zunächst hörte sie nur zu. Dann aber, nach ein paar Minuten, zog sie besagten Stapel Papier aus der Tasche und legte ihn auf den Notenständer. Darauf stand ein Text, den sie mit Akkorden versehen hatte: Carlotta hatte ihren ersten Song geschrieben – und mich in diesem Moment ins Vertrauen gezogen. Ob ich die Akkorde für sie spielen könne, fragte sie mich. Als ich das tat, fing sie an zu singen. Die Zeilen vom Papier, ihr erstes Lied. Ein schönes Lied. Ich werde diesen Augenblick niemals vergessen: Er ist eine sehr kostbare Erinnerung.

Hätte ich meine Tochter, nachdem der Stapel unterm Schrank verschwunden war, sofort zur Rede gestellt, wäre dieses Lied wahrscheinlich nie entstanden. Sie wäre gezwungen gewesen, mir das Weggeschobene zu zeigen. Dafür war es zu diesem Zeitpunkt aber noch zu früh. Das Lied war ihrer Meinung nach noch nicht in einem Zustand, es öffentlich werden zu lassen. Es war wie die Raupe im Kokon. Meine Tochter wollte das Lied noch schützen, vor Beurteilung, vor Kritik. Wir können durch ein Geheimnis also etwas anderes beschützen – oder uns selbst.

Die Geheimnisse von Jugendlichen beinhalten vor allem Themen wie Sexualität und Verliebtsein, aber auch Verbotenes wie das Rauchen, Alkohol- oder Drogenkonsum. Dass ich im Alter von zehn Jahren gemeinsam mit meinem Freund Eric auf dem Dachboden den *Playboy* meines Vaters gelesen oder in unserem Geheimversteck mal eine Flasche Wein mit ihm getrunken habe, erfahren meine Eltern hoffentlich erst beim Lesen dieser Zeilen. Auch folgendes Geheimnis habe ich nur mit meiner Clique geteilt: In der vierten Klasse, während des Sachkundeunterrichts, meldete ich mich bei meiner Lehrerin, weil ich aufs Klo wollte. Die Klassenlehrerin ließ mich gehen. Damals suchte ich aber nicht nur die Toilette auf, mein eigentliches Ziel war ein anderes. Ich benutzte die Gelegenheit, um unbemerkt zur Fensterbank vor unserer Klasse zu schleichen. Dort hatte unsere Lehrerin nämlich meist ein Päckchen Zigaretten liegen. Ich sehe die Schachtel noch vor mir, R6 hieß die Marke, versehen mit einer rot-blauen Bande-role und fünf aufgedruckten goldenen Tabakblättern. Behutsam und dennoch schnell öffnete ich die Schachtel – und hatte Glück: Es waren noch genügend drin. Eine Zigarette mehr oder weniger würde nicht auffallen. Mit der Fingerfertigkeit und Geschwindig-keit des zukünftigen Zauberers stahl ich eine R6, steckte sie in meinen rechten Strumpf, kurz unter den Saum, und legte die Pa-ckung wieder so zurück, wie ich sie vorgefunden hatte. Dass ich das Thema Genussmittel schon in der vierten Klasse abgedeckt habe, ist übrigens reiner Zufall und auf keinen Fall ein Beweis für eventuelle Frühreife. Ganz im Gegenteil, was alles andere be-trifft, war ich ein ziemlicher Spätzünder. Vergessen Sie nicht: Ich war ein Zauberer! Normale Jugendliche treffen sich und gehen gemeinsam Eis essen oder mal in eine Pizzeria. Zauberer stehen derweil mutterseelenallein in ihrem verschlossenen Zimmer vor einem Ganzkörperspiegel und üben Tricks ein. Manchmal war es wirklich ein Jammer ...

Doch dieses Mal teilte ich mein Geheimnis. Später, am Nach-mittag, rauchten wir die Fluppe in unserem Versteck im Wald, einer kleinen Hütte beim Schlieberbrunnen in Riegelsberg. Wir fühlten uns großartig! Wir, das war unsere Bande – heute hätten wir uns Gang genannt. Seit dem ersten Schultag waren wir unzer-trennlich: Jörg, Holger, Peter, Eric und ich.

Ich denke, meine kleine Beichte ist typisch für ein harmloses Geheimnis von Jugendlichen. Es schweißte uns zusammen. Freun-de verraten sich nicht! Und wir alle haben uns daran gehalten. Nicht weil wir kein Vertrauen zu unseren Eltern gehabt hätten. Ganz im Gegenteil. Aber in diesem Fall war der Gruppenzusam-menhalt unter Freunden eben wichtiger. Kinder brauchen solche Momente. Sie müssen ja nicht unbedingt im heimlichen Rauchen bestehen ...

Ein solcher durch kleine Geheimnisse geschmiedeter Zusammenhalt kann übrigens die Zeit der Pubertät überdauern, manchmal sogar lebenslang – so wie bei unserer Bande in Riegelsberg.

Während ich das schreibe, werde ich ein wenig rührselig. Ich gebe zu, es ist kein «schönes» Geheimnis – aber es ist eine sehr schöne Kindheitserinnerung. Es war eine Zigarette und wir waren fünf Jungs. Mal ehrlich, was ist schon dabei? Zwei aus der Runde leben schon nicht mehr. In beiden Fällen Krebs, der eine mit 17, der andere mit 35.

Solche Kindheitserinnerungen berühren uns alle. Deshalb sind sie auch immer wieder Stoff für Bücher und Filme. In Stephen Kings Erzählung *Die Leiche* geht es um eine Gruppe von Jugendlichen, die loszieht, um eine im Wald vermutete Leiche zu finden. Ihren Eltern sagen sie nichts, es ist ihr Geheimnis. Der Film, der nach dieser Novelle gedreht wurde, bekam dann auch den deutschen Titel *Stand by Me – Das Geheimnis eines Sommers*. Es ist ein wunderbarer Film über Freundschaft und das Erwachsenwerden. So sagt der Erzähler der Geschichte rückblickend: «Ich hatte später nie wieder solche Freunde wie damals, als ich zwölf war ... Aber mein Gott, wer hat die schon?»

Warum schätzt der Erzähler die offenbar so weit zurückliegende Freundschaft so sehr? Warum wird ein Mann, den er nach diesem Sommer nur noch ab und zu sah, ihm für immer fehlen? Und warum fühlen wir sofort mit dem Erzähler? Weil wir spüren, dass ein Geheimnis diese Jungs und späteren Männer zusammenschweißt. Das ist nicht nur bei Stephen King oder in Hollywood der Fall. Jeder, der ein Geheimnis teilt, stärkt seine Freundschaften. Geheimnisse, die schweren, aber auch die leichten, werden so zu einer Investition in eine Beziehung, die ohne diese Exklusivität nicht funktionieren kann.

DIE EROBERUNG UNSERES EIGENEN LEBENS

Die Geheimnisse von Jugendlichen wurden Anfang des Jahrtausends übrigens auch in einer US-amerikanischen Studie näher beleuchtet. 227 junge Menschen zwischen zwölf und achtzehn Jahren wurden nach ihrer Geheimhaltung befragt. Die Studie ergab, dass – natürlich – fast alle Jugendliche ihren Eltern etwas verschwiegen. Dazu hätte es keine Untersuchung gebraucht. Ein Gang zu den Kinderzimmern unseres Hauses hätte genügt. An den Türen hängen zahlreiche Sprüche, die uns Erwachsene draußen halten sollen, wobei mit zunehmendem Alter die Toleranzschwelle gegenüber Erwachsenen sichtbar abnimmt. Jedenfalls bei uns zu Hause. An der Tür unserer achtjährigen Tochter hängen mehrere Schilder. Als Erstes eine Spruchsammlung liebenswerter Lebensweisheiten: «Hör nie auf zu träumen, geh durch einen Regenbogen und reite auf einem Einhorn.» Eben alles, was man aus Sicht einer Achtjährigen im Leben noch so alles machen sollte. Darunter steht «Bitte anklopfen – privatsväre». Vincent, unser Sohn, ist elf und wird schon ein wenig deutlicher: «Elternfreie Zone – betreten für Erwachsene verboten». Ein Zimmer weiter drückt meine dreizehnjährige Tochter Carlotta es noch einmal anders aus: «Komm nicht rein, sonst bist du ein Schwein.» Dass Kinder auch mal hinter einer verschlossenen Tür sein wollen, ist ihr gutes Recht.

Eine andere Umfrage finde ich in diesem Zusammenhang schon interessanter – sie wurde vom Institut für Jugendforschung im Auftrag der Zeitschrift *Brigitte* durchgeführt. Es ging dabei um das Vertrauensverhältnis zwischen Jugendlichen und ihren Eltern. Heraus kam dabei Folgendes: 23 Prozent der Jugendlichen vertrauen sich ihren Eltern grundsätzlich nie an, weil sie glauben, ihre Eltern würden sie sowieso nicht verstehen. Jungen sind meist verschwiegener als Mädchen und fühlen sich auch häufiger unverstanden. Je älter die Jugendlichen werden, desto weniger erzählen sie zu Hause: Von den Vierzehnjährigen haben nur 18 Prozent Geheimnisse vor ihren Eltern, von den Achtzehnjährigen immerhin 28 Prozent. Auch das können die meisten von uns wahrscheinlich aus eigener Erfahrung bestätigen. Das größte Tabuthema: die Sexualität. Drei Viertel aller Jugendlichen sprechen mit ihren Eltern nicht über ihre sexuellen Erfahrungen. Sexuelle Wünsche behalten 93 Prozent für sich.

Auch spannend: Etwa die Hälfte der Jugendlichen, vor allem Mädchen, beginnen in der Pubertät Tagebuch zu schreiben, sie vertrauen ihre Geheimnisse dem Papier an. Laut Umfragen schreibt etwa ein Drittel der Frauen im Alter von fünfzehn bis vierundzwanzig Jahren Tagebuch, bei den Jungs derselben Altersgruppe ist es ein Zehntel. Die Themen haben sich in den letzten Jahrhunderten kaum verändert: Liebeskummer, erste sexuelle Erlebnisse, Ärger mit den Freunden und mit den Eltern. Dem Tagebuch kann man anvertrauen, dass Leonie eine blöde Zicke ist und Scott Eastwood der coolste Typ auf Erden. Das Tagebuch gibt keine Widerrede und schweigt, ist ein perfekter Vertrauter und Mitwisser. Also, liebe Jugend, kauft euch ein Tagebuch. Ihm könnt ihr mitteilen, dass eure Geschwister ätzend sind, Mama mal chillen soll und Papa sowieso nur peinlich ist. Aber verwahrt es gut und haltet es an einem geheimen Ort versteckt.

Für Heranwachsende werden der Freundeskreis und die dort geltenden Regeln somit immer wichtiger. Was in der Clique, Gruppe oder Gang besprochen wird oder was dort geschieht, geht niemanden außerhalb etwas an. Das Sprechen darüber mit Außenstehenden oder gar mit Eltern gilt als Verrat. Zugleich werden Grenzen ausgelotet. Jugendliche sind besonders jetzt auf der Suche nach ihrer eigenen Identität, die sie von anderen – vor allem von ihren Eltern – deutlich unterscheidet. In dieser Zeit signalisieren Jugendliche ihren Müttern und Vätern oft: Du weißt nichts von mir, gar nichts! Die Sozialpsychologin Catrin Finkenauer erklärt hierzu: «Teenager lernen dadurch, wer was von ihnen wissen darf und wer nicht.» Je mehr Geheimnisse Heranwachsende vor ihren Eltern haben, umso emotional unabhängiger entwickeln sie sich. Das sollten Eltern im Hinterkopf behalten, wenn sie ein Gefühl von Ratlosigkeit oder sogar vielleicht Sorge befällt, weil ihre Sprösslinge plötzlich zu Heimlichkeiten neigen.

Wenn also Geheimhaltung zur normalen Entwicklung von Heranwachsenden gehört und Geheimnisse zu haben mit dem Gefühl emotionaler Autonomie verbunden ist und einen wichtigen Schritt zur Abgrenzung und Selbstfindung bedeutet – warum ist dann unser Verhältnis zu Geheimnissen so ambivalent? Oder anders gefragt: Warum – und wann – werden Geheimnisse zur Last?

DIE DUNKLE SEITE DES MONDES

Ich möchte zwar die positiven Seiten von Geheimnissen in den Fokus stellen, will aber von den dunklen Seiten nicht schweigen.

Als ich zum Beispiel Geheimnisforen für Jugendliche im Internet besuchte, in denen sie anonym ihr Geheimnis posten können, war ich ziemlich schockiert über die zum Teil heftigen Sachen, die ich dort las. Klar, einige Geheimnisse kamen mir vor, als wären sie erfunden worden, aber viele, davon war ich überzeugt, hatten einen wahren Kern. So berichtete ein dreizehnjähriges Mädchen, dass niemand wisse, «wie scheiße es mir eigentlich geht. Ich spiele immer das glückliche Mädchen, doch innerlich sterbe ich.» Oder eine Sechzehnjährige, dass ihr Vater unheilbaren Krebs habe und sie sich deswegen heimlich ritze.

Ich möchte hier in diesem Zusammenhang kurz die Geschichte von Jennifer Teege erzählen. Sie ist die Tochter einer Deutschen und eines Nigerianers und wuchs in einem Kinderheim und in einer Adoptivfamilie auf. Über ihre Herkunft wusste sie nichts. 2008, da war sie achtunddreißig Jahre alt, erfuhr sie zufällig, wer ihr Großvater war: Amon Göth. Die meisten kennen ihn spätestens seit *Schindlers Liste*, Göth war Kommandant des KZ Plaszow. Er war ein sadistischer Nazi und wurde 1946 als Kriegsverbrecher hingerichtet. Dieses Wissen veränderte Jennifer Teeges Leben. Sie bezeichnete die Erkenntnis als «Explosion». Jennifer Teege konnte davon ausgehen, dass ihr Großvater sie schon aufgrund ihrer Hautfarbe als «nicht lebenswert» angesehen und wahrscheinlich getötet hätte. Aus diesem Grund nannte sie ihr Buch, in dem sie ihre Erfahrungen festhielt, auch *Amon. Mein Großvater hätte mich erschossen.*

Die Geschichte von Teege ist ein typisches dunkles Familiengeheimnis. Und davon gibt es viele. Ein Freund von mir erfuhr erst als Jugendlicher, dass sein Vater in Wirklichkeit gar nicht sein Vater ist. Seinen leiblichen Vater hat er bis heute nicht kennengelernt. Jack Nicholson wuchs in dem Glauben auf, seine Mutter June sei seine ältere Schwester. Er erfuhr die Wahrheit über seine wahren Familienverhältnisse erst 1974, als ein Reporter des *Time Magazine* entsprechende Recherchen anstellte. Nicholsons Großmutter Ethel May gab sich als seine Mutter aus, um dem Ansehen ihrer minderjährigen Tochter nicht zu schaden. Der Flugpionier Charles Lindbergh führte ein Doppelleben und hatte neben seiner Familie in den USA noch einige andere Eisen im Feuer. Er war zur selben Zeit nicht nur mit der Münchner Hutmacherin Brigitte Hesshaimer liiert, sondern auch mit deren Schwester Marietta und mit seiner deutschen Privatsekretärin. Lindbergh hatte demnach kein Doppel-, sondern gleich ein Vierfachleben. Inklusive sieben unehelicher Kinder. Sein Geheimnis wurde erst 2003 gelüftet. Weder seine Ehefrau noch seine Biographen wussten darüber Bescheid. Seine Kinder erfuhren erst als Erwachsene davon.

Auch beruflich umgab Lindbergh sich mit Geheimnissen: Er war für den amerikanischen Nachrichtendienst tätig und spionierte in Deutschland die Luftfahrt und Raketenforschung aus. Moralisch fragwürdig, das gebe ich zu, aber logistisch und unter dem Aspekt der Geheimhaltung eine Meisterleistung.

Bei den dunklen Geheimnissen gehören Familiengeheimnisse ganz klar zu den Top Ten. Meist beginnt ein Familiengeheimnis damit, dass ein einzelnes Familienmitglied etwas unter Verschluss halten möchte. Sein Geheimnis wird aber irgendwann entdeckt. Doch statt es anzusprechen, übernehmen die anderen Familienmitglieder die Heimlichtuerei. Dadurch fühlt der Geheimnisträger sich bestätigt, das Geheimnis kann wachsen und zu einem Teil der Familie werden. Das Stillschweigen signalisiert Duldung und damit Zustimmung.

Das Thema Sucht ist ein weiteres «dunkles» Geheimnis. Der Suchtkranke bemüht sich häufig, seine Abhängigkeit nach außen hin geheim zu halten und sie vor der Familie, vor Arbeitgebern, Nachbarn und Freunden zu verbergen. Das kann bizarre Züge annehmen. Der US-amerikanische Autor Stephen King trank vor dem Schlafengehen sogar alkoholhaltiges Mundwasser, um seine Alkoholsucht – unbemerkt von der Familie – befriedigen zu können.

Vielfach fliegt die Sucht dann irgendwann doch auf, denn je nach dem Stadium gelingt die Geheimhaltung immer schwerer. Wenn Angehörige die Sucht ihres Partners oder des Elternteils dann aber ebenfalls verheimlichen und für ihn lügen, unterstützen sie die Abhängigkeit oft unbeabsichtigt. Der Wunsch, anonym zu bleiben, liegt daran, dass in der Gesellschaft Sucht noch immer nicht als Krankheit akzeptiert ist, sondern als Schwäche und mangelnde Selbstdisziplin ausgelegt wird.

Abhängige versuchen ihre Sucht aber nicht nur vor der Außenwelt zu verheimlichen, sondern vor allem vor sich selbst: «Ich habe doch alles im Griff. Ich kann jederzeit damit aufhören.» Oft genug gesagt, glaubt derjenige das irgendwann selbst. Deshalb besteht der erste Schritt der Anonymen Alkoholiker im Eingestehen vor sich selbst: «Ich heiße ... und ich bin Alkoholiker.»

Ich bin ja ein großer Verfechter des Geheimnisvollen. Im Fall von unheilvollen Familiengeheimnissen stehe ich der Sache aber ein wenig anders gegenüber. Hier ist es meist besser, sich der Wahrheit zu stellen und das Geheimnis offen anzusprechen. Alleine schon deshalb, weil niemand dann mehr Mundwasser trinken muss. Stillschweigen signalisiert Zustimmung.

Gerade Kinder leiden schwer unter solchen Familiengeheimnissen, sie spüren instinktiv, dass irgendetwas nicht stimmt. Sie können nicht sagen, was es ist, aber sie wissen, dass da irgendetwas ist. Das bestätigte auch Jennifer Teege, die nach der Aufdeckung ihrer Abstammung endlich eine Erklärung für ihre Depressionen hatte, die danach dann verschwanden. Auf einmal war die Ungewissheit weg. Teege sagte in einem Interview: «Ich bin dankbar, dass ich diese Wahrheit in meinem Leben gefunden habe. Nun stimmt das Grundgerüst. Eine Jacke, die Sie falsch zuknöpfen, wird nie richtig sitzen. Wer im Leben vor Problemen davonläuft, macht sie nur noch größer.»

Schon 1985 untersuchte Dan Wegner, Professor für Psychologie an der Harvard University in Cambridge, Massachusetts, inwieweit sich Geheimnisse und unterdrückte Gedanken auf unsere Psyche auswirken. Inspiriert wurde Wegner durch eine Geschichte, die Leo Tolstoi einmal erzählt hatte. Sein älterer Bruder hatte es dem kleinen Leo zur Aufgabe gemacht, so lange in einer Ecke der Wohnung sitzen zu bleiben, bis er nicht mehr an einen Eisbären denken würde: «Denke bitte nicht an einen Eisbären!» Als der Bruder nach längerer Zeit zurückkehrte, stellte er erstaunt fest, dass Leo noch immer in der Ecke saß, unfähig, den untersagten Gedanken aus dem Kopf zu bekommen.

Wegner, der Psychologie-Professor, stellte diese Szene mit seinen Studenten nach. Die Anweisung lautete schlicht: «Versuchen Sie in den nächsten fünf Minuten nicht an einen Eisbären zu denken.» Der Versuch bewies: Denkverbote bewirken das Gegenteil. Sie sind paradox. Versuchen Sie mal, die nächsten zehn Sekunden nicht an Hawaii zu denken. Oder an eine Pizza. Oder an einen blauen Elefanten. Oder oder oder …

Allein der Versuch, *nicht* an etwas Bestimmtes zu denken, sorgt dafür, dass Sie sogar mehr an das Verbotene denken! Wir kennen das alle: Je mehr wir es uns wünschen, endlich einzuschlafen, desto weniger gelingt es uns, und wir wälzen uns schlaflos von einer Seite auf die andere. Je stärker wir auf unsere Ernährung achten, desto freundlicher lacht uns das Nutella-Glas im Supermarkt an. Und je angestrengter wir versuchen, Ängste wegzudenken, desto größer werden sie oft.

Am schwierigsten wird es, wenn wir müde, gestresst oder abgelenkt sind. Wegner nannte das «Ironic Rebound Effect» – den Effekt des ironischen Rückschlags. Und damit schließt sich der Kreis zum Geheimnis. Wegner verglich Geheimnisse mit diesen unerwünschten und aktiv unterdrückten Gedanken. Ihm zufolge können sich negative Geheimnisse zu einem gefährlichen Sog entwickeln, denn sie erfordern große kognitive Anstrengungen, wenn wir unsere mit ihnen verbundenen Gedanken und Gefühle unterdrücken wollen. Eine Zeitlang mag uns das gelingen, aber nicht auf Dauer. Irgendwann kommt alles mit noch größerer Wucht zurück. Ein Kreislauf beginnt, ein *thought rebound*. Das Geheimnis nimmt einen zentralen Stellenwert ein, und alles in unserem Kopf dreht sich nur noch darum, die errichtete Scheinwelt aufrechtzuerhalten. Mit der Folge: Es macht uns fertig.

Der Sozialpsychologe glaubte zwar auch, dass Geheimnisse wichtig sind, eine eigene Individualität zu entwickeln und ein Gefühl dafür, selbst bestimmen zu können, was man von sich preisgibt und was nicht. Allerdings, so Wegner, seien Geheimnisse auch problematisch. Sie suggerieren nämlich, dass ein Teil der eigenen Person sozial unerwünscht ist. Je nachdem, wie unangenehm die Lüftung des schönen Scheins wäre, wird viel Zeit und Mühe investiert, um das Geheimnis zu schützen. Der *thought rebound* wird dadurch in Gang gesetzt. Und je mehr es zu verlieren gibt, desto größer ist der Wert des Geheimnisses. Dann sind Kreativität und Organisationstalent gefragt, um den Überblick zu behalten, darüber, wem man wann welche Version der Wahrheit aufgetischt hat. Das Geheimnis oder das geheime Leben wird man am Ende nicht so schnell wieder los. Es haftet an einem wie eine Klette.

«Geheimnisse zu verstecken kann so viel Zeit, Wachsamkeit und Aufmerksamkeit fordern, dass sie beginnen, das ganze Leben zu dominieren, oder zum eigentlichen Leben der Person werden», sagt auch Psychiaterin Gail Saltz.

Geheimnisse zu haben kann also auch als emotionale Last empfunden werden, vor allem die Vorstellung, dass sie aufgedeckt werden, ist häufig unerträglich. So gibt es Menschen, die ihre Arbeit verloren haben und es der Familie und ihrem Umfeld nicht mitteilen. Jeden Morgen gehen sie aus dem Haus und tun so, als ob sie ihren Job noch hätten. Sie schämen sich, dass man sie entlassen hat, obwohl die Kündigung womöglich gar nichts mit ihren Fähigkeiten zu tun hatte. Auch ist es eine psychische Bürde, wenn man sich etwa als homosexueller Mann nicht outet, weil man eine gesellschaftliche Diskriminierung fürchtet.

In diesem Zusammenhang fällt mir der britische Mentalist Derren Brown ein. Zu Beginn seines Abendprogramms «Secrets» hielt er einen kurzen, sehr persönlichen Monolog darüber, dass wir uns in unseren Gedanken Geschichten erzählen, und zwar darüber, was und wie die Welt ist. «Wir sind in unseren eigenen Gedanken gefangen», sagte er. Denn die Geschichten, die wir uns selbst erzählen, müssen sich nicht mit den Geschichten decken, die sich Mitmenschen über uns erzählen. Brown berichtete, dass er als Jugendlicher sein Schwulsein aus Angst vor sozialer Ächtung geheim hielt. Erst nach über zwanzig Jahren outete er sich – um dann festzustellen, dass seinen Mitmenschen, denjenigen, die ihm wichtig waren und ihm nahestanden, seine sexuellen Vorlieben völlig egal waren. Jahrzehntelang hatte er unter der Geheimhaltung gelitten, dabei hatte sein Geheimnis nur für ihn eine große Bedeutung.

Jeder von uns trägt Geheimnisse mit sich herum, die uns auf irgendeine Art belasten, bewusst oder unbewusst, meist beides. Solche Geheimnisse sollte man loswerden, sie teilen, sie sich von der Seele reden und darauf achten, dass sie uns nicht beherrschen, denn sie machen uns schwach und krank. Nicht von ungefähr sind Psychologen oder Psychiater so sehr an den Geheimnissen in uns interessiert.

Gail Saltz weiß, dass wir sogar Geheimnisse vor uns selbst haben können. Jene, die wir in unserem Unterbewusstsein mit uns herumtragen, Dinge, die wir einfach nicht wahrhaben wollen. Es sind die blinden Flecken in uns, die oft durch schlimme Kindheitserfahrungen verursacht wurden wie sexueller Missbrauch oder traumatische Begebenheiten wie Krankheiten oder Suizid. Durch diese blinden Flecke der Psyche konfrontieren wir uns nicht mit allen Wahrheiten über uns selbst.

Geheimnisse und deren Aufdeckung können nicht nur psychische Folgen haben, sondern tatsächlich auch körperlich belasten: Eine Forschergruppe um den Psychologen Michael Slepian von der Columbia University in New York forderte 2012 vierzig Probanden auf, an ein wichtiges persönliches Geheimnis zu denken. Die Teilnehmer der Studie sollten anschließend aufschreiben, was das Geheimnis für sie bedeutet. Danach sollten sie einschätzen, wie schwer ein Tisch ist, weiterhin sollten sie die Länge einer Strecke abschätzen, und als Drittes sollten sie beurteilen, wie steil ein Hügel ihrer Meinung nach sei. Diejenigen, die sich zuvor auf ein belastendes Geheimnis konzentriert hatten, schätzten die Steigung des Hügels höher ein, die Distanz länger und den Tisch als robuster und auch schwerer, als es die Probanden taten, die zuvor erklärt hatten, nur ein kleines Geheimnis zu haben.

Zusätzlich sollten die Probanden Fragen beantworten:

Wie oft denken Sie über Ihr Geheimnis nach?

Wie stark berührt es Sie?

Wie oft haben Sie es schon vor anderen verborgen?

Das Ergebnis: Waren die Befragten allein und nicht in Gesellschaft beziehungsweise in einer Gemeinschaft von Menschen, sahen sie sich öfter mit ihrem Geheimnis konfrontiert. In Gesellschaft, im Kreis von Mitmenschen, schlug das Geheimnis kaum auf die Stimmung. Doch wenn die Probanden sich gedanklich intensiv mit ihrem Geheimnis beschäftigten, darüber lange grübelten, beeinflusste das ihre Wahrnehmung, und zwar ziemlich stark. Und nicht nur die Wahrnehmung: So benahmen sie sich auch unsozialer, wenn sie im Rahmen von Studien dazu aufgefordert wurden, Umzugskartons zu tragen. Doch wer kennt es nicht: Schuldgefühle können uns das Leben zur Hölle machen, alles andere verliert dann an Bedeutung.

Slepian kennt sich inzwischen mit Geheimnissen bestens aus, denn seit seiner Einschätzungsstudie hat er immer wieder Menschen dazu befragt, insgesamt rund 15 000. Seit Jahren erforscht er, was Menschen lieber für sich behalten und inwiefern sie das belastet. 2017 entdeckten er und sein Kollege Bastian Brock von der University of Melbourne, dass manche Personen so sehr unter ihrer Heimlichkeit leiden, dass sie sich selbst bestrafen. Die Teilnehmer ihrer Untersuchung gewannen die beiden Wissenschaftler über eine Online-Plattform, auf der berufliche Leistungen angeboten werden. Der Vorteil war, dass sie so an Menschen aus allen Bevölkerungsschichten kamen, zugleich garantierte dieses Vorgehen Anonymität, denn die Probanden sollten Geständnisse machen: Hatten sie ihren derzeitigen Partner schon einmal betrogen, und wenn ja, ob sie es ihm erzählt hatten. Befragt wurden 1500 Personen, und davon gaben 105 an, ihren jetzigen Partner schon einmal betrogen zu haben, mehr als die Hälfte hatten es vorgezogen, ihr Fremdgehen nicht kundzutun. Mit enormen Auswirkungen, wie Slepian feststellte: «Genau diese Menschen konnten alltägliche Vergnügungen nicht mehr genießen. Sie bestraften sich in gewisser Weise selbst und wollen Schmerz spüren.»

Aber warum bestraften sie sich? Slepian und Brock fanden heraus, dass nicht die Schuldgefühle der Grund für die Selbstbestrafung waren, sondern das Nachdenken über das Geheimnis, die Grübelei.

Dreizehn Geheimnisse, so hat Slepian weiter ermittelt, würde ein Mensch durchschnittlich mit sich herumtragen: Das kann das Familiengeheimrezept für die weltbeste Rinderroulade sein bis hin zu Schulden, einem Doppelleben oder einem Glauben an eine bestimmte Ideologie. Der Forscher sammelte geradezu akribisch Geheimnisse, denn obwohl diese so gegenwärtig sind, so haben sich Wissenschaftler nur wenig mit ihnen beschäftigt. Was auch nachvollziehbar ist, denn wie soll man etwas beleuchten, was im Verborgenen liegt?

Ein weiterer US-amerikanischer Psychologe, James Pennebaker, stellte fest, dass unsere Haut eine höhere elektrische Leitfähigkeit hat, wenn wir Belastendes verheimlichen. Ob daher der Ausdruck kommt: «Er steht unter Strom»?

In jedem Fall ist es für Pennebaker ein Zeichen für emotionalen Stress, ähnlich wie Herz-Kreislauf-Probleme oder Depressionen. Geheimnisse können ganz gewaltig auf die Stimmung schlagen. Angst, Einsamkeit, mangelndes Selbstwertgefühl – all das können Auswirkungen sein, wenn wir uns als Erwachsene bemühen, etwas geheim zu halten. Sobald das so streng gehütete Geheimnis gelüftet wurde, waren die Nebenwirkungen übrigens weg. Die Probanden fühlten sich buchstäblich, als habe man ihnen eine Last von ihren Schultern genommen.

In der Wissenschaft sind aber auch andere Erkenntnisse ans Tageslicht gekommen. Die US-amerikanische Psychologin Anita Kelly von der University of Notre Dame in Indiana fand heraus, dass Klienten ihrem Psychotherapeuten entscheidende Dinge vorenthalten. Rund 40 Prozent der von ihr Befragten gaben an, dass sie ihrem Therapeuten zentrale Dinge vorenthielten.

Nach Einschätzung der Psychologin sind diese Geheimnisse vor Therapeuten nicht unbedingt etwas Schlechtes, genau das Gegenteil kann der Fall sein: Ihre Untersuchung zeigte, dass bei den Klienten, die ein Geheimnis zurückhielten, sich die psychischen Symptome sogar schneller besserten, als wenn sie es erzählt hatten. Kellys Vermutung: «Wenn sie ein idealisiertes Bild von sich selbst zeichnen, damit der Therapeut sie positiver beurteilt, dann hilft ihnen dies womöglich dabei, tatsächlich diese Person zu werden.»

Das Geheimnis wirkt hier wie eine sich selbst erfüllende Prophezeiung. Mit diesem Geheimnis, so Kelly weiter, nimmt die betreffende Person eine Identität für sich in Anspruch, die sie gern hätte – und gerade das ermöglicht ihr, etwas eher zu erreichen.

DIE LUST AN KLATSCH UND TRATSCH

Warum wollen wir eigentlich Dinge wissen, die uns überhaupt nicht betreffen und die uns auch nichts angehen? Wieso ist es für uns wichtig zu erfahren, warum die Unternehmerin Susanne Klatten («die reichste Frau Deutschlands») sich 2018 doch noch von ihrem Mann trennte und Prinz Harry nicht viele Kinder will? Warum interessiert es uns, ob die Hunde von Formel-1-Fahrer Lewis Hamilton «täglich 600 Euro verdienen» oder Sängerin Ariana Grande eine neue Tätowierung hat? Wir lesen derartige Nachrichten, ohne dass es unser Leben auch nur ansatzweise betrifft oder verändert. Und jetzt kommen Sie mir bitte nicht mit Niveau. Wenn Sie die *Bunte* nicht lesen und Klatschblätter sowieso grundsätzlich ablehnen – der Briefwechsel von Geheimrat Goethe mit seiner Frau Christiane oder Giacomo Casanovas Autobiographie sind zwar literarisch eindeutig hochwertig, aber wenn wir mal ganz ehrlich sind: Diese schriftlichen Geständnisse sind auch Klatsch. Wundervoll geschrieben, mit viel Poesie und Weisheit, die inspiriert. Aber es bleibt Klatsch.

Briefe oder autobiographische Aufzeichnungen erfüllen Klatsch-Kriterien, denn beim Klatsch geht es meist um die Geheimnisse aus dem Alltag von nicht Anwesenden oder außer Hörweite sitzenden gemeinsamen Bekannten oder Prominenten. Und über solche Geheimnisse zu sprechen ist ein tief im Menschen verankertes Bedürfnis. Denn, wie wir inzwischen wissen: Geheimnisse ziehen uns magisch an, sobald wir von deren Existenz eine Ahnung bekommen haben. Stets sind sie ein spannendes Gesprächsthema: «Hast du schon gehört ...!?» Dabei ist Klatsch an sich etwas Widersprüchliches, denn wer klatscht, spricht meist ein moralisches Urteil über andere. Gleichzeitig aber gilt der

Klatsch selbst als verwerflich. Er wird öffentlich geächtet – und doch gerne und überall produziert. Komisch, nicht wahr?

Wir produzieren Klatsch, weil das Verraten von Geheimnissen ein menschlicher Drang ist. Der Geschichtsprofessor Yuval Noah Harari vertritt sogar die These, dass der Mensch sich erst durch das Verbreiten von Klatsch und Tratsch so weit entwickeln konnte. Denn nur durch den Austausch von Informationen kann die Gruppe langfristig überleben und sich fortpflanzen: Wer schläft mit wem? Wer kann wen nicht leiden? Wer klaut und wer ist ehrlich? Ist ja auch interessanter, als sich die ganze Zeit nur über Büffelherden und Beerensammeln zu unterhalten.

Wer klatscht, verrät ein Geheimnis. Jemand weiß geheime Dinge aus der Privatsphäre eines anderen und will von dieser Intimität erzählen. In erster Linie, um selbst Intimität und Verbundenheit herzustellen. Schon vor knapp zweieinhalbtausend Jahren sagte Sokrates, der griechische Philosoph: «Leichter lässt sich eine glühende Kohle auf der Zunge halten als ein Geheimnis.»

In mehreren Experimenten untersuchten Psychologen um Matthew Feinberg von der Stanford University das Lästern als soziale Komponente. Sie verbanden zweiundfünfzig Studenten mit einem Herzfrequenzmonitor, der ihren Puls aufzeichnete, danach ließen sie die Probanden zwei Personen beobachten, die ein Kartenspiel spielten. Einer der beiden Spieler schummelte, was den Puls der Beobachter deutlich erhöhte. Nach einigen Minuten unterbrach Feinberg das Spiel und gab dem einen Teil der Probanden die Gelegenheit, dem vermeintlich benachteiligten Spieler eine handgeschriebene Notiz zukommen zu lassen. Diese Gelegenheit nahmen fast alle Studenten wahr: Sie warnten die Person vor ihrem betrügerischen Spielpartner. Dadurch nahm die Pulsfrequenz wieder ab. Sie hatten nun das Gefühl, sich mit dem Betrogenen solidarisiert zu haben.

In zwei weiteren Versuchen kamen die Psychologen zu einem ähnlichen Ergebnis. Die Probanden nutzten die Chance, die negativen Eigenschaften einer Person bei einem Dritten offenzulegen, was sich ebenfalls auf das körperliche Wohlbefinden positiv auswirkte. Sie hatten einen Mitwisser gefunden und damit einen sozialen Zusammenhalt hergestellt. In einem der Experimente nahmen Teilnehmer sogar finanzielle Einbußen hin, um das Geheimnis an andere weitergeben zu können.

Klatsch ist also deshalb so menschlich, weil es die meisten von uns stresst, ein Geheimnis zu bewahren, und weil es guttut, über (vermeintlich) negative Eigenschaften anderer zu reden. Wenn jetzt noch beides zusammenkommt, das Geheimnis selbst also aus einer negativen Eigenschaft besteht, gibt es fast kein Halten mehr. Die Moralpolizei hat ihre große Stunde. Außerdem steigt die Plaudertasche im Ansehen. Schließlich hat sie einen Wissensvorsprung. «Nur wenn das Wissen weitergetragen, das Geheimnis ausgeplaudert wird, kann der Wissende die Tatsache, dass er etwas weiß, für sich in soziale Werte – gesellschaftliche Anerkennung, Prestige und Gefragtsein – ummünzen», so der Konstanzer Soziologe Jörg Bergmann. Dabei gilt: Je bedeutender das «Klatschobjekt», desto bedeutender das Geheimnis. Daher interessieren uns George Clooneys Zwillinge mehr als die der Nachbarin sechs Häuser weiter, und wenn die Tochter des Vorgesetzten beim Klauen erwischt wurde, ist das spannender als bei der Tochter des Toilettenmanns. Das wird mit Vorliebe herumerzählt, aufgebauscht und ausgeschmückt.

Nur sobald es uns selbst betrifft, halten wir tunlichst dicht. Es wäre ja auch idiotisch, ein eigenes, vielleicht sogar pikantes Geheimnis zu lüften. Aber über andere reden wir gerne. Und viel. Mehr als ein Drittel der Zeit, die wir miteinander sprechen, drehen sich unsere Gespräche um Personen, die gar nicht anwesend sind. Das hat der britische Psychologe Robin Dunbar von der University of Liverpool erforscht, indem er fremde Gespräche in Zügen, Bars und Einkaufszentren belauscht hat.

Mich widert diese Art von Klatsch an. Als mein Bruder verunglückte, erzählten mir wildfremde Menschen, der «Sohn vom Zahnarzt und der Lehrerin» hätte sich mit dem Segelflugzeug das Leben genommen, weil die Ehe der Eltern in die Brüche gegangen sei. Beides war falsch. Mein Bruder hatte einen Unfall mit dem Fallschirm und meine Eltern waren damals noch ein Paar gewesen. Die Ehe ging erst später auseinander. Auch von Suizidgedanken konnte keine Rede sein. Mein Bruder war froh, dass er die Leukämie überlebt hatte.

Auch wenn Klatschen und Lästern menschlich sein mag und laut Bergmann für ein funktionierendes soziales Beziehungsnetz unerlässlich ist – für die Betroffenen ist Klatsch oft heimtückisches Geschwätz und sehr verletzend, wenn sie irgendwann davon hören.

Der Physiker und Wissenschaftsautor David Robert Grimes von der University of Oxford hat einmal berechnet, wie wahrscheinlich es ist, dass eine Verschwörung aufgedeckt wird. Grimes zufolge hängt das maßgeblich von der Zeit, die ein Geheimnis gehütet wird, und der Gesamtzahl der eingeweihten Personen ab. So kommt er zu dem Ergebnis, dass man auf keinen Fall mehr als 650 Menschen ins Vertrauen ziehen darf, wenn man eine einzelne Begebenheit vertuschen möchte und auf absolutes Stillschweigen angewiesen ist. Höchstens 2521 Menschen dürfen in ein Geheimnis eingeweiht werden, das man mindestens fünf Jahre bewahren möchte. Soll die Vertuschung ein Jahrhundert Bestand haben, empfiehlt es sich, weniger als 125 Personen ins Vertrauen zu ziehen.

Mir kommt das wie eine Zahlenspielerei vor. Dennoch: Wenn Klatsch von gemeinsamen Bekannten, so Bergmann, nur an gemeinsame Bekannte weitergegeben wird, so wird dabei der Kreis der Mitwisser zwangsläufig immer größer. Der Klatsch zieht seine Kreise. Das Paradoxe bei der Weitergabe: Es wird nicht nur ein Geheimnis verraten und weitergetragen, sondern es wird dadurch immer auch gleichzeitig ein weiteres Geheimnis begründet. Unter dem Siegel der Verschwiegenheit wird eine weitere Person in ein Geheimnis eingeweiht. Wie das Geheimnis hat also auch der Klatsch zwei Seiten: Die Weitergabe geheimen Wissens und das daraus resultierende neue Geheimnis.

Und das brennt, wie wir von Sokrates wissen, auf der Zunge wie glühende Kohlen.

Ich selbst betrachte mich nicht als Geheimniskrämer, eher als Geheimnishüter. Ich ziele mit meinem Wirken auf die positiven Effekte von Geheimnissen ab. Meine Tricks, meine Geheimnisse sehe ich eher als eine nützliche Strategie, um Menschen zu inspirieren, ihnen einen magischen Moment zu bescheren. Ich will andere Menschen nicht in meine Geheimnisse einweihen: Im Grunde möchte ich, dass Menschen ihr Grübeln reduzieren, sich in meiner Show wohl fühlen, vielleicht auch eine andere Perspektive einnehmen – und damit sind wir wieder bei den positiven Seiten von Geheimnissen.

WARUM ES SINNVOLL IST, GEHEIMNISSE ZU HABEN

«Das gemeinste Ding ist voller Schönheit, wenn man es nur versteckt.» Ganz gleich ob Glasperle oder Tagebuch. Das wusste schon Oscar Wilde, denn diese Worte finden sich in seinem einzigen Roman, in *Das Bildnis des Dorian Gray*. Allerdings musste das *gemeinste Ding*, wie verborgen es auch war, zumindest etwas vom

Geheimnis offenbaren. Sonst würde es nicht die geringste Wirkung haben, denn: «Was ich nicht weiß, macht mich nicht heiß.» Deutet sich aber das Geheime an, sieht es schon ganz anders aus. Dann macht das Wissen um die Existenz des Geheimnisses etwas mit uns. Wir werden neugierig.

Es war Karl Valentin, der folgenden Jux machte: Er versah den Deckel einer kleinen Schachtel mit der Aufschrift «Bitte nicht öffnen». Tat man es dennoch, fand man darin einen Zettel, auf dem stand: «Sei nicht so neugierig!»

Das Verborgene macht uns also neugierig.

Möchten Sie das mit Ihrem Partner oder einem Kollegen testen, schlage ich Ihnen ein Spiel vor, das Max Fellmann und Till Krause im Magazin der *Süddeutschen Zeitung* beschrieben haben. Sie und Ihr Partner/Kollege notieren jeweils ein Geheimnis auf einen Zettel (natürlich so, dass der andere es nicht lesen kann). Es muss ein Geheimnis sein, das Sie Ihrem Gegenüber bisher noch nicht verraten haben (sonst wäre es ja auch kein Geheimnis mehr). Danach falten Sie die Zettel und legen sie vor sich auf den Tisch. Nun heißt es abwarten. Wer wird als Erstes das Geheimnis des anderen lüften? Sie werden merken, was für eine Faszination ein solcher Zettel auslösen kann. Man möchte nur zu gerne wissen, was auf dem Papier des anderen steht. Ein kleiner Handgriff würde genügen, um zu dem Wissen zu gelangen. Diese magische Anziehungskraft – oder vielmehr das Gefühl, das ein schlichtes kleines Papierstück in uns auszulösen vermag – ist eine der wichtigsten Grundlagen dafür, dass wir als Menschen nicht auf der Stelle treten, nicht länger in unbeheizbaren Höhlen wohnen.

Es geht hier nicht um das Geheimnis selbst, sondern vielmehr um das Geheimnisvolle, das das Geheimnis, der Aufdeckung so nah, umgibt. Dieses Geheimnisvolle macht etwas mit uns. Es berührt uns. Es ändert unsere Wahrnehmung. Es sorgt für Neugier und beflügelt unsere Phantasie. Wie die wandernden Münzen oder die aufgefädelten Rasierklingen bei mir.

Das Wort «Neugier» tauchte im Übrigen gegen Ende des 17. Jahrhunderts in seiner heutigen Bedeutung im deutschen Sprachgebrauch auf, und nicht von ungefähr steckt in ihm die «Gier». Jemand giert und geifert nach etwas. Damals, in Zeiten der Aufklärung, war das durchaus positiv besetzt, denn Entdeckergeist und Forschungsdrang standen hoch im Kurs.

Neugier kann uns zu Höchstleistungen bringen. Albert Einstein sagte einmal über sich: «Ich habe keine besondere Begabung, sondern bin nur leidenschaftlich neugierig.»

Was ist das für eine Lust, etwas Neues, etwas Verborgenes und bislang Unbekanntes zu entdecken! Es reicht allein die Erkenntnis, nicht eingeweiht zu sein, um unser Interesse an der Enthüllung eines Geheimnisses zu wecken. Wir verlangen regelrecht danach, es aufzuspüren. Diese Lust bringt uns dazu, den Dingen auf den Grund zu gehen und uns intensiv mit etwas auseinanderzusetzen. Die Welt ist für uns offen, wir kennen ihre Grenzen nicht. Und was als Lücke erscheint, muss unbedingt gefüllt werden. Mit Informationen – oder womöglich auch nur Vermutungen. Wäre der Mensch sonst auf dem Mond gelandet?

Sobald ein Geheimnis allerdings gelüftet ist, verlieren wir meist das Interesse daran, die Person oder der Gegenstand, um den es gegangen war, hat ihren / seinen Reiz verloren. Das Geheimnisvolle hat sich auf und davon gemacht.

Wie etwas sofort an Reiz verlieren kann, wenn die verborgene Seite, die geheimnisvolle Facette einer Sache zum Vorschein kommt, habe ich erst vor kurzem wieder gemerkt. Ein Freund meines Sohnes hatte bei seinem Instagram-Account stets sein Gesicht verpixelt oder durch einen Schatten verborgen. Man sah es nie komplett, immer nur einen kleinen Teil. Wie Mr. Wilson, der verschrobene Nachbar aus der US-amerikanischen Fernsehserie *Hör mal, wer da hämmert*, der als Zaungast nie ganz zu erkennen war und deshalb Kultstatus erlangte. Schon nach einigen Wochen hatte der Freund meines Sohnes durch seine Mr.-Wilson-Taktik eine ansehnliche und stetig wachsende Zahl weiblicher Follower. Nach einigen Monaten beging er jedoch einen Fehler: Er postete sein ganzes Gesicht – und verlor praktisch zeitgleich über die Hälfte seiner weiblichen Fans. Es lag nicht an seinem Aussehen, vielmehr hatte er sich selbst das Geheimnisvolle genommen. Er hatte sich entzaubert. Das ist doch schon mal eine sehr wichtige Erkenntnis: Gib nicht alles preis von dir, sonst verlierst du an Attraktivität! Das ist, wie wir noch sehen werden, auch eine goldene Regel fürs Dating. (Siehe Seite 170.)

Dass uns das Geheimnisvolle anzieht und die verborgene Sache selbst reizvoller macht, wurde bereits in einem kanadischen Experiment aus den siebziger Jahren untersucht: Hier sollten Männer einer ihnen unbekannten Frau folgen und sie beobachten. Einigen Teilnehmern wurde gesagt, die Frau hätte keine Ahnung, dass sie beschattet würde. Anderen hatte man mitgeteilt, sie wisse Bescheid. Nun wird es interessant: Dachten die Männer, sie stellten der Person heimlich nach, fanden sie die Frau sympathischer, faszinierender und aufregender als die Gruppe, die davon ausging, dass ihr Tun bekannt war.

Dass Geheimhaltung unsere Wahrnehmung ändert, wurde in weiteren Untersuchungen bestätigt. In einer Studie der University of Colorado Boulder wurden Freiwillige in drei Experimenten mit verschiedenen Szenarien konfrontiert: So sollten sie sich zum Beispiel vorstellen, sie wären Berater des US-amerikanischen Außenministeriums. Sie erhielten Informationen über vier ausländische Politiker, die sich in ihren Ländern zur Wahl stellten. Diese Informationen waren als geheim deklariert, aber nur zum Teil. Die Studienteilnehmer sollten nun entscheiden, ob sie den jeweiligen Kandidaten dem Außenministerium empfehlen würden oder nicht. Dabei zeigte sich, dass die Probanden häufiger jene Kandidaten unterstützten, bei denen die Angaben nicht nur positiv, sondern vor allem geheim waren. Alle drei Experimente bestätigten dieses Ergebnis: Sobald eine Information als geheim eingestuft wurde, beeindruckte sie die Probanden stärker und fand häufiger Zustimmung. Die Forscher, die Psychologen Mark Travers, Leaf Van Boven und Charles Judd, beschrieben dieses Phänomen als *secrecy heuristic*, als Heuristisk des Geheimnisvollen. Demnach neigen Menschen häufig dazu, sich von Geheimnissen manipulieren zu lassen. Wird die Information als geheim eingestuft, nehmen wir an, dass sie sehr wichtig sein muss. Der Grund für diese Wertigkeit liegt sicher zum einen daran, dass geheime Informationen oft wirklich qualitativ besser sind als öffentliche, aber zum anderen auch daran, dass Geheimnisse deshalb als wertvoller eingestuft werden, weil sie Verschwiegenheit erfordern.

Sagen Sie doch mal, wenn Sie sich auf einer Party langweilen, zu Ihrem Gegenüber: «Soll ich Ihnen mal ein Geheimnis verraten!?» Sie werden bemerken, wie sich Dutzende Köpfe ganz unauffällig in Ihre Richtung drehen werden. Das Geheime zieht uns magisch an. Sobald wir ein Geheimnis wittern, steigert sich unsere Aufmerksamkeit. Sehen wir auf der Autobahn einen Erlkönig, werden wir augenblicklich neugierig – da fährt öffentlich der Prototyp eines Wagens, dessen Aussehen eigentlich geheim bleiben soll. Sofort wird unsere Vorstellungskraft in Gang gesetzt. Wie wird das Auto am Ende wirklich aussehen? Nicht umsonst gibt es sogenannte Erlkönig-Jäger, Fotografen, die Aufnahmen von diesen Prototypen machen und dann an Magazine verkaufen.

Auch in anderen Branchen ist das Geheimnis ein immens

wichtiger Teil der Marketingstrategie. Keiner weiß genau, wie das nächste iPhone aussehen wird. Nichts sickert durch. Das beflügelt unsere Phantasie, und wir beschäftigen uns automatisch stärker mit dem Produkt – nicht anders ging es zu, als Tolstoi den Eisbären nicht mehr aus dem Kopf bekam.

Das Unternehmen Apple hat diese psychologische Wirkung geradezu auf die Spitze getrieben. In einem Blog bot der Konzern 100 000 US-Dollar für denjenigen, der an Informationen über das damals noch nicht auf den Markt gebrachte iPad käme. Er erhielt keine einzige ernstzunehmende Rückmeldung. Das überraschte bei Apple niemanden, denn das kalifornische Technologieunternehmen hat, so wird kolportiert, eine eigene «Geheimnisabteilung», die dafür gesorgt haben soll, dass außer gezielt gestreuten Gerüchten nichts durchsickerte. Doch selbst das ist nicht verifiziert und wird wohl ein Geheimnis bleiben. Während jede echte Information hermetisch abgeriegelt im Konzern bleibt, steigt bei jedem neuen Produkt das Fieber der Apple-Jünger.

Das Geheimnis und das Geheimnisvolle haben aber noch andere psychologische Auswirkungen, was sich zum Beispiel an den Büchern von Haruki Murakami zeigen lässt. Murakami ist ein japanischer Autor; viele seiner Geschichten verdanken ihre Faszination seiner Gabe, dem Leser eigentlich wichtige Schlüsselszenen nicht zu offenbaren. Vor einiger Zeit las ich seine Kurzgeschichte *Birthday Girl*, sie handelt von einer jungen Frau, die an ihrem zwanzigsten Geburtstag einen mysteriösen Mann kennenlernt, der ihr verspricht, ihr zu ihrem Geburtstag einen Wunsch zu erfüllen. Sie dürfe jeden Wunsch äußern, erklärt er ihr, solle sich diesen aber sehr genau überlegen. Sie könne ihn dann nicht mehr zurücknehmen. Der Unbekannte, ein sehr gepflegter Herr «von ausgesuchter Höflichkeit», versichert ihr noch, dass er ihren Wunsch tatsächlich erfüllen könne, ganz gleich, was sie sich erhoffe.

Als Leser erfahre ich aber *nicht*, was die junge Frau begehrt. Murakami weist lediglich darauf hin, dass nur die Zeit zeigen wird, ob ihre Bitte in Erfüllung geht.

Tagelang habe ich überlegt, was die Protagonistin sich wohl erträumt haben könnte. Einzig Murakamis Kunstgriff, den Wunsch im Dunkeln zu lassen, löste diesen Prozess in mir aus und ließ mich unweigerlich überlegen, womit ich selbst liebäugeln würde, hätte ich einen Wunsch frei. Und ich erinnerte mich daran, wonach ich gefiebert hatte, als ich zwanzig war. Und was aus diesen Wünschen geworden ist.

Durch das Geheimnisvolle beschäftigen wir uns intensiver mit den Dingen. Und wenn offensichtlich keine Lösung erkennbar ist, wie in Murakamis Beispiel, geschieht etwas Wunderbares: Wir beginnen, uns mit uns selbst auseinanderzusetzen, in dem Wissen, dass wir die Lösung nur in uns selbst finden können. Dadurch können wir zu neuen Erkenntnissen gelangen. Das ist die große Stärke, die das Geheimnisvolle in sich tragen kann. Diese Eigenschaft geht weit über ein ungelöstes Geheimnis oder Rätsel hinaus.

Das Geheimnisvolle, das Verborgene, ist die faszinierende Schwester eines Geheimnisses.

EINE WELT OHNE GEHEIMNIS IST KEINE WELT

Stellen Sie sich einmal vor, was wäre, wenn wir in einer Welt leben würden, in der keine Geheimnisse existieren würden, uns nichts Geheimnisvolles umgeben würde?

Wenn alles öffentlich wäre und nichts mehr privat, dann, so formulierten es Sven Stillich und Claudia Wüstenhagen in ihrem *Zeit*-Artikel «Was du nicht weißt ...», endet das Menschsein.

Eine Ahnung bekommt man davon, wenn man sich ansieht,

wie das Privatleben von Schauspielern oder Politikern durch das Vorgehen von Paparazzi bis in jede kleinste Einzelheit enthüllt wird, wenn Einkünfte, Krankheiten, Drogenabstürze und Liebesaffären schillernd und schlagzeilenträchtig über die Medien in die Welt getragen werden. Wenn auf Facebook mit einem einzigen Klick das Innerste nach außen gekehrt wird. Menschlich ist das bestimmt nicht. Oder halten Sie das wirklich für erstrebenswert?

Vielleicht lässt sich an dem folgenden Beispiel demonstrieren, wie eine solche Welt aussehen würde: Das «Panoptikum» ist ein architektonischer Gefängnisentwurf, in dem die Insassen jederzeit beobachtet werden können und keinerlei Rückzugsmöglichkeit haben. Sämtliche Häftlinge werden von einigen wenigen Wärtern lückenlos überwacht. Es ist unmöglich, sich oder etwas zu verbergen. Es herrscht totale Transparenz. Für die Insassen die Hölle. Das Konzept für eine derartige Anstalt stammt von Jeremy Bentham, einem Juristen und Sozialreformer im vorviktorianischen England. In der Mitte des Gebäudes steht ein Beobachtungsturm, von dem aus die Wärter Einblick in die Zellen haben, ohne dass die Insassen dies bemerken. Sie wissen nicht, wann sie überwacht werden und wann nicht, sie haben daher das Gefühl, permanent unter Kontrolle zu stehen.

In die Praxis umgesetzt wurde das Panoptikum später vorwiegend in Ländern mit autoritären Regimen. Dabei war das Modell von Bentham durchaus humanitär gedacht, denn die Zellen waren lichtdurchflutet und die Insassen sollten sogar einen Lohn für ihre Arbeiten erhalten – damals keine Selbstverständlichkeiten.

George Orwell griff die Idee des Panoptikums (letztlich geht es hier um den Verlust jeglicher Privatheit) in seinem Roman 1984 auf. Der Staat «Big Brother» überwacht in dieser Utopie sämtliche Räume mit Abhörsystemen und Kameras. Dadurch kann eine mächtige Minderheit eine unterdrückte Mehrheit disziplinieren.

Umso unverständlicher erscheint es mir, dass wir heutzutage freiwillig so viel von uns preisgeben, dass wir ständig auf Facebook, Instagram und Co. posten, was uns gerade durch den Kopf geht. Und zwar alles, ohne Grenzen, ohne zu überdenken, was vielleicht nur privat und nicht für die Öffentlichkeit bestimmt sein könnte. Durch die sozialen Netzwerke hat sich George Orwells 1949 veröffentlichte Zukunftsvision eines Überwachungsstaates, die er in seinem Roman 1984 als erschreckende Utopie schilderte, inzwischen auf ein beinahe behaglich anmutendes Bild der Vergangenheit reduziert.

Menschen werden sogar freiwillig zu Mitspielern in der Fernsehsendung *Big Brother* und lassen sich rund um die Uhr von den Fernsehkameras und damit den TV-Zuschauern überwachen.

In dieser Fernsehsendung sehen wir übrigens das Gegenteil von Orwells Roman. Hier überwacht nämlich eine Mehrheit – der TV-Zuschauer – eine Minderheit, nämlich diejenigen, die sich bereit erklärten, zeitweise in einen mit Kameras ausstaffierten Container zu ziehen.

Wir tragen freiwillig «Wanzen» mit uns herum und geben rund um die Uhr Dinge weltweit kund, die eigentlich «ins Heim» gehören. In den achtziger Jahren ging man noch gegen die Volkszählung protestierend auf die Straße. Die Menschen pochten auf ihr Grundrecht der «informationellen Selbstbestimmung», sie wollten selbst festlegen, was sie von sich preisgeben und was nicht – und dabei ging es einzig um Daten über die Größe der Wohnung, die Strom- und Heizkostenrechnung oder ob man mit Gas oder Öl seine Räume erwärmte. Die Proteste der Volkszählungsgegner hatten Erfolg, denn das Bundesverfassungsgericht untersagte Volkszählungen für die Zukunft. Die Begründung war mehr als einleuchtend: Eine Gesellschaftsordnung, in der der einzelne Bürger nicht mehr wissen könne, wer was wann und bei welcher

Gelegenheit über ihn weiß, sei nicht vereinbar mit dem Recht auf jene informationelle Selbstbestimmung.

Wenn ich heute für fünf Minuten mein Smartphone nutze, gebe ich wahrscheinlich mehr Informationen über mich preis als meine Eltern bei der Volkszählung in den achtziger Jahren. Menschen zahlen sogar viel Geld für den neuesten Taschenspion. Um beim Einkauf ein paar Cent zu sparen, sammeln wir Payback-Karten und andere digitale Rabattkarten. Wir nutzen diverse Apps, die unsere Daten über unsere Gesundheit oder Ernährungsgewohnheiten sammeln und analysieren, weil es so bequem ist. Dabei verraten wir sehr viel von und über uns. Und wir tun es, ohne groß darüber nachzudenken. Unsere Apps sind uns wichtiger als unsere Geheimnisse. Der Chefredakteur der *Süddeutschen Zeitung*, Kurt Kister, schreibt hierzu: «Gäbe es Gott als App zum Herunterladen, das Christentum würde wieder populär werden.»

Durch die sozialen Plattformen können wir persönlichste Mitteilungen verfolgen, die ins Netz gestellten Fotos geben uns Einblicke in die Wohn- und sonstigen Zimmer völlig fremder Menschen. Ein paar Klicks, und schon kennen wir den jeweiligen Beziehungsstatus, die Lieblingsbücher, die Lieblingssongs oder sonstige Interessen von Menschen. Wir wissen, was die Kollegin in der Mittagspause gegessen hat, weil das Foto ihres Pasta-Gerichts auf Facebook zu liken war, bevor die betreffende Person Parmesan daraufgehobelt hatte. Unentwegt twittern wir all diese Dinge – macht Donald Trump ja auch.

Der italienische Schriftsteller Umberto Eco wusste schon sehr früh, wohin das führen würde. Er sagte einmal in einem *Spiegel*-Interview, dass die sozialen Medien, in denen jeder ungefragt seine Meinung verkünden kann, eine «Invasion der Idioten» verursache. Schlauer Mann!

Von der Luther'schen «Heim»lichkeit ist in der heutigen Zeit also immer weniger übriggeblieben.

Eine wachsende Anzahl von Menschen scheint tatsächlich vergessen zu haben, private Dinge in den eigenen vier Wänden, «im Heim» zu lassen. Im August 2016 erschien in *der Süddeutschen Zeitung* ein Artikel, der den Titel trug: «Alles muss raus – Diskretion ist aus der Mode gekommen». Die Autorin des Beitrags, Evelyn Roll, zitierte Sätze, die sie auf Facebook gefunden hatte, Sätze wie: «Ich esse keine Rüben mehr, davon muss ich furzen.» Oder: «Ich pinkel zur Strafe jeden Morgen in ihr Waschbecken.» Solche Aussagen sind wirklich kein Erkenntnisgewinn. Roll fand für diese gnaden- und zum Teil auch rücksichtslose Geheimnislosigkeit treffende Bezeichnungen wie «Alles-muss-raus-Tourette-Virus» oder «Mitteilungsdiarrhö».

Es stimmt, wir sprechen über *alles*: Welchen Sex wir bevorzugen, ob man diesen oder jenen Typen daten sollte, welcher Veggie-Burger am besten schmeckt, wie man das Finanzamt problemlos austrickst, wann die Familie nervt, welcher Arbeitskollege gemobbt wird, ob man die Schamhaare wegrasieren sollte oder nicht. Nichts wird ausgelassen, jedes kleinste Detail wird über soziale Plattformen getragen und in Endlosschleifen ausdiskutiert.

Dieses Phänomen ist noch recht neu. Ich kann mich jedenfalls nicht daran erinnern, mich je mit Freunden so freizügig über mein Privatleben ausgetauscht zu haben, und schon gar nicht permanent. Und dass die in der digitalen Welt herumschwirrenden Daten im großen Stil von Internetgiganten gesammelt werden – mit der Konsequenz, dass unsere Privatsphäre beschnitten wird –, interessiert die meisten von uns dabei wenig. Eric Schmidt, einstiger Google-Manager, sagte einmal gegenüber einem Gesprächspartner: «Wenn Sie etwas machen, von dem Sie nicht wollen, dass es irgendwer erfährt – dann sollten Sie es vielleicht gar nicht erst tun.»

Blieb früher das Geheime geheim, so wird heute nahezu jedes Tabu öffentlich gebrochen. Scheint es dann überhaupt noch sinnvoll zu sein, Geheimnisse zu haben? Der Psychologe Andreas Wismeijer hatte ja herausgefunden, dass Selbstschutz der entscheidende Grund für Geheimhaltung ist, letztlich der Schutz der eigenen Privatsphäre. Und die wird in digitalen Zeiten, in denen der Mensch permanent gläserner wird, weil er immer mehr von sich preisgibt, wieder wichtig werden. Mag es auch noch ein wenig dauern, aber ich bin überzeugt: Irgendwann wird uns die eigene Durchschaubarkeit doch zu gespenstisch werden.

Vor Jahren postete ich ein Urlaubsfoto von mir auf Facebook. Auf dem Bild trug ich eine Sonnenbrille. Innerhalb von Stunden wussten meine Follower, wie meine Frau aussieht und dass ich in einem Café saß, das an einem griechischen Hafen lag. Ehefrau, Café und Hafen waren auf dem Foto nicht zu sehen, aber die findigen Fans hatten sie in der Spiegelung meiner Brille erkennen können. Ich, der große Hüter von Geheimnissen, hatte das nicht bedacht. Aufgrund meiner Unachtsamkeit wurden private Details öffentlich, die ich eigentlich im Verborgenen lassen wollte. Ich fühlte mich in diesem Moment tatsächlich ein wenig schutzlos.

Eine Studie der Cambridge University hat ergeben, dass Programme, die das Verhalten von Facebook-Nutzern verfolgen, private Fakten ermitteln können, die nicht im Profil angegeben sind. Darunter Informationen über die sexuelle Orientierung, vergangenen oder aktuellen Drogenkonsum oder ob die Eltern sich getrennt haben, als man noch ein Kind war. Die Wissenschaftler der Studie arbeiteten mit einem von Microsoft finanzierten Forschungszentrum zusammen und analysierten die Daten von 58 000 Facebook-Usern, die sich bereit erklärt hatten, an der Untersuchung teilzunehmen. Hierbei wurden die Likes der Studienteilnehmer ausgewertet und mit Antworten verglichen, die sie in Fragebögen notiert hatten. Hinsichtlich der Hautfarbe lag man in 95 Prozent der Fälle richtig, hinsichtlich der sexuellen Orientierung zu 88 Prozent, bei der Religion und der politischen Überzeugung zu 80 Prozent. Auch emotionale Probleme konnten die Computerprogramme mit einer Genauigkeit von 62 bis 72 Prozent bestimmen.

Selbstschutz und Schutz der Privatsphäre sind in heutigen Zeiten schwierig geworden. Vieles landet in der Öffentlichkeit, aus Unachtsamkeit, einer Laune heraus und manchmal durch Böswilligkeit. Ungefiltert werden politische Meinungen in Kommentaren geäußert oder andere beschimpft. Betrunkene Teenager filmen sich gegenseitig auf Partys und posten die Videos online. Eltern zeigen voller Stolz den Nachwuchs nackt in der Badewanne. Sie wollen ihre Meinung oder ihre Filme oft nur mit der Familie oder dem Freundeskreis teilen – und vergessen dabei, dass sich in den letzten Jahren etwas Entscheidendes geändert hat: Mit einem Mausklick kann das, was gepostet wurde, weltweit Beachtung finden.

Zum ersten Mal in der Geschichte liefern wir private Daten freiwillig. Doch warum tun wir das? Der polnisch-britische Soziologe Zygmunt Bauman prägte den Begriff der «Bekenntnisgesellschaft»: Wir füttern soziale Netzwerke, um uns lebendig zu fühlen und unsere Existenz mitzuteilen. Wir wollen wahrgenommen werden. Ich twittere, also bin ich.

Und wo Licht ist, ist auch Schatten. Die sozialen Plattformen werden mittlerweile überschwemmt von Fake News. Gefälschte

Nachrichten sind deshalb so brisant, weil sie sich bei bestimmten Themen instrumentalisieren lassen: Sie können sogar wahlentscheidend sein. Im US-amerikanischen Wahlkampf 2016 hieß es zum Beispiel auch, der Papst würde Donald Trump unterstützen. Die hitzige Nachrichtenmaschinerie des Internets nahm sich nicht einmal die Mühe zur Überprüfung.

Den Verschwörungstheoretikern bietet das Netz ebenfalls ein großes Publikum. Hatte früher jemand eine völlig haltlose Theorie (worüber auch immer), so schrieb vielleicht die Lokalpresse darüber. Aber nur vielleicht. Kaum jemand nahm davon Notiz, vielfach wurde derjenige, der Ungereimtheiten unter die Leute brachte, als Spinner verlacht. Heutzutage werden die verrücktesten Ideen und Behauptungen im Netz veröffentlicht, und weltweit finden sich Menschen, die daran glauben. Gerade Verschwörungstheorien haftet das Faszinosum des Geheimnisvollen an. Wer bei Google «9/11 Verschwörungstheorie» eintippt, wird überschwemmt mit paranoiden Scheinfakten.

Bis ins Detail werden Beweisführungen entwickelt, die – bei genauer Betrachtung – meist jeglicher Logik entbehren und völlig absurde, oft widersprüchliche Zusammenhänge aufzeigen. Doch sie werden gelesen, geliked, getwittert und auf diese Weise unentwegt verbreitet.

Die Beliebtheit von Verschwörungstheorien wächst, auch weil man gern nach einem Schuldigen sucht. Umberto Eco lieferte eine mögliche Erklärung: Wir wollen die Verantwortung an eine höhere Instanz abgeben. Wo kein Gott mehr verantwortlich ist, tritt der Komplott an seine Stelle, der geheime Zirkel. Irgendwer muss ja für das Übel verantwortlich sein.

Die Psychologie dahinter ist komplex und sehr spannend: Die offensichtliche Erklärung gefällt uns nicht, wir wollen sie nicht akzeptieren, weil wir dazu umdenken müssten. Der Glaube an ein

Geheimnis und an eine versteckte Verschwörung entbindet uns unserer Verantwortung.

Doch wie können wir der gnadenlos enthemmten Zurschaustellung des Privaten, der Hyperkommunikation und Geheimnislosigkeit unserer Mitmenschen etwas entgegensetzen?

Mein Tipp: einfach nicht immer und bei allem mitmachen. Nicht jedes Essen muss bei Instagram gepostet werden, nicht jeder Gedanke, der einem durch den Kopf schießt, muss veröffentlicht werden, und wenn sich zwei Menschen lieben, können sie sich das sagen oder zu Papier bringen.

Tun wir das nicht, nehmen wir uns selbst die Möglichkeit, andere neugierig zu machen auf uns, sie zu überraschen. Es ist der Weg in ein Panoptikum ohne wahre Vorstellungskraft und Phantasie.

Das Bedürfnis nach dem Privaten, nach dem Geheimen wächst, insbesondere deshalb, weil alles von uns öffentlich geworden ist. Geheimnisse und das Verborgene, so spüren wir, geben uns die Möglichkeit, selbst zu bestimmen, welcher Mensch wir für andere Menschen sein wollen. Und welcher nicht.

Aber wie können wir das verwirklichen, wenn wir kaum noch einen Raum haben, in den wir uns zurückziehen können? Einen Raum, in dem wir unbeobachtet sind, in dem wir wieder unsere kleinen privaten Geheimnisse haben dürfen?

Geheimnisse geben uns die Chance, wir selbst zu sein. Sie gehören nur uns, und wir entscheiden bestenfalls, mit wem wir sie teilen. Sie geben uns eine eigene Identität, sind zumindest ein Baustein dieser, indem wir früh damit beginnen, uns gegenüber anderen abzugrenzen. Und letztlich dienen Geheimnisse auch der Selbstdarstellung. Beim Austausch mit anderen versuchen wir uns in ein gutes Licht zu rücken. Das funktioniert nur, wenn wir ein paar Facetten von uns zeigen und andere nicht. Jeder von uns ist alles: *the good, the bad and the ugly*. Es kommt auf die Umstände an, welche Seite wir hervorkehren. Wir sind nur wirklich frei, wenn wir entscheiden können, was wir wem in gewissen Momenten zeigen wollen und was nicht. Oder würden Sie beim ersten Date erzählen, dass Sie Schweißfüße haben, sich nachts Fressattacken hingeben oder gerne Schlager hören?

Geheimnisse fördern die Unabhängigkeit. Erst durch die Freiheit, Geheimnisse haben zu dürfen, bekommt der Mensch ein Gefühl für seine Individualität. Unsere Geheimnisse machen uns einzigartig. Wir brauchen es, Dinge für uns behalten zu können. Das Mystische, Rätselhafte, Geheimnisvolle macht die Welt erst bunt. Würden wir alles wissen, verstehen und ergründen, wäre unser Leben langweilig. Geheimnisse geben uns ein Zusammengehörigkeitsgefühl und sorgen letztlich für Phantasie und Neugierde und damit für Kreativität. Die Welt ist durch Geheimnisse ein wundervoller Ort, denn kein Wunder ist ohne Geheimnis. Wenn nichts mehr heimlich ist, wird es unheimlich.

Was all diese Episoden und wissenschaftliche Erkenntnisse zeigen: Die Psychologie der Geheimnisse ist vertrackt, zumindest aber ambivalent, komplex.

Dennoch gefällt mir der Ausspruch des französischen Schriftstellers Albert Camus: «Der Mensch ist ein Mensch mehr durch das, was er verschweigt, als durch das, was er sagt.»

TEIL 3 ·

Mit Geheimnissen unterhalten

*I*ch möchte Geheimnisse nutzen, um Menschen zu unterhalten und sie zu bereichern, sie zum Nachdenken anzuregen, zum Staunen zu bringen, und ihnen, ja, Glücksmomente zu verschaffen. Wie Geheimnisse von jeher dazu genutzt werden, um Menschen zu unterhalten und sie so in andere Sphären zu führen, sie zu inspirieren und in ihrer Kreativität anzuregen, will ich im Folgenden zeigen.

VON DELPHI NACH DORTMUND

Egal wo Sie sich gerade aufhalten, das Geheimnisvolle umgibt Sie, ohne sich von selbst preiszugeben. Im ganz gewöhnlichen Alltag begegnen uns mysteriöse Symbole, spezielles Geheimwissen und kryptische Botschaften. Wir sehen all diese Dinge nur nicht, weil wir sie nicht kennen. Das ist nur logisch: Wissen wir von einem Geheimnis nichts, sehen wir es auch nicht. Es entgeht uns.

Ein Blick aufs Handy genügt. Wenn wir die Bluetooth-Funktion einschalten, drücken wir eine Taste, die mit einem den meisten Mobiltelefonbesitzern unbekannten Zeichen versehen ist: Das Logo besteht aus zwei altnordischen Runen, und zwar ᚼ (h; Hagalz) und ᛒ (b; Berkano). Sie stehen für den Wikingerkönig Harald Blauzahn, der in England Harald Bluetooth genannt wird und im 10. Jahrhundert lebte. Runen sind die Schriftzeichen der Germanen, können aber auch Zahlen oder gar magische Zeichen darstellen. Sie wurden in Nordeuropa vom 2. Jahrhundert an bis weit ins Mittelalter benutzt, wobei man sie nicht unbedingt in der alltäglichen Kommunikation verwendete – meist gebrauchte man sie für Inschriften.

Die Menschen zu dieser Zeit glaubten, dass der Schrift eine eigene Macht innewohnt, sie wurde als Medium magischer, göttlicher Macht angesehen. Kein Wunder, dass man die Runen für Bluetooth wählte, denn durch dieses Datenübertragungssystem wird nicht nur unser Mobiltelefon mit dem Autoradio verbunden, sondern auch mit unserem Computer und anderen Geräten – das grenzt doch fast an göttliche Magie, oder?

Es geht aber auch analog: Jedes Kartenspiel hat eine verborgene Bedeutung und Symbolik, verbirgt einen weitgehend unbekannten Code: Spielkarten, so wie wir sie kennen, sind unterteilt in rote und schwarze Karten, womit das System der Dualität von Tag und Nacht dargestellt wird. Ein Spielblatt besteht aus zweiundfünfzig Karten, so wie das Jahr aus zweiundfünfzig Wochen besteht. Es hat vier Werte: Kreuz, Karo, Pik und Herz, welche die Jahreszeiten repräsentieren. Jedes Symbol umfasst wiederum dreizehn Karten, die die dreizehn Mondphasen versinnbildlichen. Weiterhin gibt es zwölf Bildkarten, die zwölf Monate eines Kalenderjahrs. Und wenn wir sämtliche Kartenwerte – vom As über die Zahlenkarten bis zum König – addieren, erhalten wir die Zahl 365, die Anzahl der Tage eines Jahrs, plus einen Joker für die Schaltjahre. Spielkarten waren also nie nur reine Glücksspielkarten, sondern verbergen Symboliken, die sich zum Beispiel Kartenleger zunutze machten.

Ganz gleich ob Rune, Spielkarten oder Horoskope, Handlesen oder Pendel: Diese alten «magischen Künste» und die damit verbundenen Rituale haben sich auch deshalb bis in die heutige Zeit gehalten, weil sie geheimnisvoll sind. Weil wir uns weiterhin fragen, ob vielleicht nicht doch «mehr» dahintersteckt. Oftmals wünschen wir uns das geradezu, da wir, wie ich behaupte, das Verborgene brauchen – gerade in einer Zeit, in der scheinbar alles erklärbar und durchrationalisiert ist. Hier kann ein geheimnisvolles Ritual wahre Wunder wirken. Dazu ein ganz persönliches Beispiel:

Vor einigen Jahren machten meine Familie und ich eine längere Reise auf die Seychellen. Schon nach kurzer Zeit waren wir komplett in eine neue Welt eingetaucht. Die Geräusche des Urwalds, die für uns so fremden Gerüche, die feuchte Hitze, die vielen Farben, das Essen – nichts erinnerte mehr an Deutschland. Die Arbeit, der nächste Bühnenauftritt lagen noch in weiter Ferne.

Umso mehr überraschte es mich, als mich eines Abends mein Sohn ansprach und mir erzählte, er würde sich vor der nächsten Klassenarbeit fürchten. Schon jetzt?, dachte ich. Es sind doch noch über zwei Wochen bis dahin! Ich kam ins Grübeln. Da saßen wir an einem Lagerfeuer am Strand, Inselbewohner trommelten rhythmisch auf ihren Membranen, ein Fischer hatte uns einen Teil seines Fangs verkauft, den wir gerade über dem Feuer brieten, und in diesem Moment gab mir mein damals neunjähriger Sohn Vincent zu verstehen, dass ihm eine Klausur Sorgen bereite. Wie kann ein Kind in so einem stimmungsvollen Moment nur an die Schule denken? Und wenn, dann doch höchstens in dieser Weise: Wenn ich mal wieder die Nase voll von der Schule habe, werde ich mich an dieses Lagerfeuer am Strand erinnern!

Also unterbreitete ich meinem Sohn einen Vorschlag: «Das Lagerfeuer, die Musik und das Meer haben eine ganz besondere Kraft, und diese Kraft kannst du nächstes Mal nutzen, wenn du dich in der Schule vor etwas fürchtest.»

Anschließend improvisierte ich ein Ritual mit ihm. Ich bat ihn, eine Muschel zu suchen. «Aber alleine! Und du darfst dafür keine Taschenlampe benutzen. Zudem darf es nur eine Muschel sein, die du am Strand findest, nicht im Meer. Ihre Größe ist auch wichtig, du musst sie bequem in eine Hosentasche stecken können.»

Vince war sofort begeistert und rannte los.

Nach einigen Minuten kehrte er aufgeregt mit einer schönen Muschel in der Hand zurück. Ich betrachtete sie sorgfältig und prüfte sie genau. Sie war gut gewählt, fühlte sich schön an und lag angenehm in der Hand, war auch nicht zerbrechlich, sondern kompakt. Danach erklärte ich meinem Sohn, dass wir nun gemeinsam dorthin gehen müssten, wo die Elemente Wasser und Erde aufeinandertreffen. Am Meer setzten wir uns erst einmal in den Sand. Ich gab meinem Sohn seine Muschel wieder und sagte: «Gleich werden wir sie mit der Erinnerung an diesen Ort und der unendlichen Kraft des Meers aufladen. Da die Muschel aus dem Meer kommt, ist sie dafür wie geschaffen.» Ich erzählte noch, der Prozess würde in dem Moment beginnen, in dem er mit den Füßen das Meer berührte. Er solle also bitte die Muschel in seine linke Hand nehmen und gemeinsam mit mir sieben Schritte ins Meer gehen.

Das taten wir dann auch. Anschließend wies ich meinen Sohn an, die Muschel dreimal ins Meer zu tauchen. Während des Eintauchens sollte er einatmen und dabei an den Ozean denken. Beim Herausnehmen sollte er ausatmen und an die Muschel in seiner Hand denken. Eine Weile standen wir noch nebeneinander im Meer, dann begannen wir bis dreizehn zu zählen. Als das geschehen war, begaben wir uns zurück zum Strand. Hier beendete ich das Ritual, indem ich Sand auf die Muschel rieseln ließ. Mein Sohn musste die Muschel schließlich im Meer abspülen. Ich sagte währenddessen: «Das ist nun eine ganz besondere Muschel, denn sie hat unter unzähligen Muscheln den Weg zu dir gefunden, außerdem trägt sie die Kraft der Ozeane in sich. Immer wenn du die Muschel bei dir trägst, hast du Zugang zu dieser Kraft. In der Schule wird sie dich zu jeder Zeit stärken.»

Sie können sich vorstellen, was für ein besonderer Schatz diese Muschel für meinen Sohn war und noch immer ist. Inzwischen hat sie einen Ehrenplatz in seinem Zimmer, und ich glaube, er nimmt sie weiterhin ab und zu in die Hand, um an unser gemeinsames Ritual zu denken.

Es hat übrigens funktioniert: Für den Rest des Urlaubs vergaß Vincent die Schule – und wieder zurück in München, nahm er die Muschel mit in die Schule, als er die Arbeit schreiben musste. Er bekam eine glatte Eins. Das ist die Kraft hinter einem Ritual: Es gibt uns die Möglichkeit, über uns hinauszuwachsen; allein dadurch, dass wir die Dinge aus einem anderen Blickwinkel betrachten können und neuen Mut schöpfen. Das ermöglicht es uns, uns von eingefahrenen Gedankenpfaden zu lösen und die Situation mit frischer Energie und unter neuem Blickwinkel zu betrachten. Das kann so weit gehen, dass sich das erfüllt, was wir uns wünschen – das Prinzip der sich selbst erfüllenden Prophezeiung kommt hier zum Tragen.

Auch frühen Magiern ging es bei ihren geheimnisvollen Ritualen und Zauberformeln vielfach um eine positive Transformation der Wahrnehmung. Auch sie nutzten das Geheimnisvolle dafür, beim Menschen Veränderung herbeizuführe, sensitiv für Dinge zu werden, die sie sonst völlig außer Acht gelassen hätten. Von ihnen fühlte ich mich immer schon inspiriert.

«*Gnothi Seautón* – Erkenne dich selbst.» Dieser Spruch stand über der gigantischen Tempelanlage des Orakels von Delphi. Selbsterkenntnis als tägliche Übung sollte der Anfang sein, die Basis für jedes sinnvolle Denken über die Götter und die Welt. Grundlage für Veränderung. Und weil man diese Technik nicht unbedingt beherrschte, brauchte man Priester oder Priesterinnen, um das, was in dem Menschen Unsicherheit verursachte, wenigstens im Ansatz deuten zu können.

Heute amüsieren uns alte Orakeltechniken, wir erklären sie wissenschaftlich mit kohlenwasserstoffhaltigen euphorisierenden Dämpfen, die die orakelsprechende Hohe Priesterin Pythia in Trance versetzten. Und während viele von uns eine mystische Erfahrung in Delphi belächeln, schlagen andere in Dortmund die Tageszeitung auf und lesen ihr Horoskop. Wir können es drehen und wenden, wie wir wollen: Geheimnisse und das damit verbundene Geheimnisvolle bleiben. Sie begegnen uns auf allen Ebenen. Und sie behalten ihre Kraft. Von Delphi bis Dortmund.

WUNDERMITTEL ILLUSION

Im 19. Jahrhundert eroberten französische Truppen Algerien. Die Bevölkerung war größtenteils gegen die Besatzungsmacht, sodass die politische Situation extrem angespannt war. Da die Franzosen muslimischen Algeriern keine bürgerlichen Rechte gewähren wollte, formierte sich besonders unter den Marabouts, islamischen Heiligen, großen Widerstand. Den Marabouts wurden besondere spirituelle Kräfte nachgesagt, die jedoch größtenteils auf bestimmte Zaubertricks zurückzuführen waren. Ihre scheinbar übernatürlichen Kräfte machten sie dennoch zu einer wichtigen Größe in der damaligen Gesellschaft; ihr Einfluss auf die Stammesfürsten war groß. Aufgrund der massiven Gegenwehr gegen die Besatzungsmacht stand das Land schließlich am Rande einer blutigen Revolte.

In dieser kritischen Situation kam Jean Eugène Robert-Houdin ins Spiel. Robert-Houdin war ein 1805 in Blois geborener Zauberkünstler und Automatenpionier. Das französische Militär entsandte ihn nach Algerien mit dem Auftrag, die drohende Revolution zu verhindern. Bei seiner ungewöhnlichen Mission sollte er die zum Aufstand aufrufenden Marabouts mit ihren eigenen Waffen schlagen: mit Tricks. Ein kluger Schachzug, denn Robert-Houdin war ein Revolutionär, was die Zauberkunst betraf, viele seiner Illusionen beruhten auf ausgeklügelten feinmechanischen Geheimnissen – nicht umsonst war sein Vater Uhrmacher gewesen, dessen Handwerk er ebenfalls gelernt hatte. Robert-Houdin war der Erste, der nicht als Gaukler auf Marktplätzen oder in billigen Theatern auftrat, sondern bei eleganten Soireen. Seine Tricks durfte er sogar in Königshäusern in ganz Europa zeigen, im Frack oder im Abendanzug. Mit seinen Illusionen nahm Robert-Houdin der Zauberkunst das Dunkle, Gossenhafte, sie wurde als gehobene Abendunterhaltung etabliert und beeinflusste durch ihre Modernität die Magier bis heute. Er war der David Copperfield seiner Zeit, ein Star.

Robert-Houdin sagte einmal: «Die wirkliche Zauberkunst darf nicht das Werk eines Klempners sein, sondern die eines Künstlers, man kommt nicht zu ihm, um Apparate funktionieren zu sehen.» Einige Zauberer sollten diesen Satz jeden Tag mindestens zehnmal laut lesen. Und danach zum Friseur gehen. Und sich einen ordentlichen Anzug kaufen. Aber das nur am Rande …

Genau diesen Mann, Robert-Houdin, schickten die Franzosen nach Nordafrika, um den Aufständischen zu zeigen, mit wem sie sich im Zweifelsfall anlegten – dem mächtigsten Zauberer seiner Zeit. Mit einer kleinen Entourage, ein paar unfassbaren Tricks und der Vision, den Krieg mit seiner Zauberkunst beeinflussen zu können, machte sich Robert-Houdin auf den Weg übers Mittelmeer. Dort angekommen, verkleidete er sich zunächst als Araber und sah sich mit einem Spion die magisch-religiösen Zeremonien der heimischen Marabouts an. Sein professionelles Auge durchschaute schnell die dort in Szene gesetzten «Wunder». Er wusste sofort, dass keiner ihrer Tricks mit seinen konkurrieren konnte. Schließlich kündigte die französische Regierung offiziell «ihren» Marabout an.

Die erste Vorführung fand der Überlieferung nach in Algier

auf einem großen Marktplatz statt. Robert-Houdin platzierte eine kleine Kiste vor sich auf den Boden und bat einen der kräftigsten Männer zu sich.

«Heb diese Kiste hoch», forderte Robert-Houdin den Mann auf. Der muskelbepackte Hüne lächelte siegessicher, hob die Kiste, ohne mit der Wimper zu zucken, über seinen Kopf und stellte sie anschließend wieder auf die Erde.

«Gleich wirst du so schwach sein wie eine deiner Frauen», sagte der Franzose unbeeindruckt und bewegte seine Hände über der Kiste. Dazu sang er leise eine Beschwörungsformel.

«Probier, ob du sie jetzt immer noch stemmen kannst!»

Der Mann beugte sich abermals zur Kiste hinunter. Er packte sie mit beiden Händen – und konnte sie keinen Millimeter bewegen. Jeder Muskel seines Körpers zeichnete sich ab; der Hüne gab alles. Aber die Kiste blieb unverrückbar.

«Versuch es noch mal.»

Ein weiteres Mal umgriffen die Hände des Angesprochenen das Objekt. Augenblicklich schrie er vor Schmerz auf, er konnte die Kiste nämlich plötzlich nicht mehr loslassen. Als Robert-Houdin ihn von seinem Leid erlöste, floh der Mann vom Marktplatz. Nun sollte es ein kleines Mädchen versuchen. Spielend leicht gelang ihr, wozu der Hüne nicht in der Lage gewesen war.

Verblüffung zeigte sich auf den Gesichtern der Zuschauer.

Doch für den Plan der Franzosen brauchte es mehr. Wochenlang zog der «moderne Magier» durch die Wüste Algeriens und den Maghreb. Immer wieder erstaunte er die Menschen mit seinen geheimnisvollen Kräften.

Eines Tages erfuhr er durch einen Informanten, wo sich die treibende Kraft der Widerständler aufhielt. Als er mit seinem Tross in der Oasenstadt ankam, wurde er von dem Obermarabout nicht gerade freundlich in Empfang genommen.

«Morgen stirbst du!», versprach dieser feindselig.

Robert-Houdin zeigte sich wenig beeindruckt, auch nicht, als der Marabout ihn zu einem Pistolenduell herausforderte. Dabei beanspruchte dieser für sich das Recht, den ersten Schuss abzugeben. Der Franzose nahm die Herausforderung an. Das Duell wurde für den folgenden Tag angesetzt, Punkt acht Uhr.

Am nächsten Morgen trafen die beiden Gegner auf dem Marktplatz ein. Der Platz war umrandet von weiß getünchten Häusern, die hinter der Menschenmasse nahezu verschwanden. Jeder wollte den Wettkampf der beiden Magier sehen. Der Marabout zog zwei Pistolen aus seinem Gürtel und ließ Robert-Houdin aus einer Handvoll Kugeln zwei auswählen. Beide Waffen wurden jetzt geladen. Bevor jedoch der Marabout die gewählte Kugel in seine Pistole fallen ließ, sollte er sie mit einem Messer markieren. Erst dann wurde sie in den Lauf gegeben.

Der Widerständler war sich seines Sieges absolut sicher, sein Gesichtsausdruck ließ darauf schließen. Die zwei Magier stellten sich nun gegenüber. Der Marabout legte an, zielte sorgfältig – und feuerte. Robert-Houdin ließ seinen Kopf ins Genick fallen, doch kurz darauf stand er mit erhobenem Kopf da – die markierte Kugel zwischen den Zähnen.

Im nächsten Moment zielte der Franzose mit seiner Pistole auf eine der Häuserwände, wobei er sagte: «Du konntest mich nicht verletzen – und jetzt wirst du sehen, dass meine Fähigkeiten gefährlicher sind als deine!» Er drückte ab. Der Putz flog von der Wand, und aus dem Einschussloch der Kugel rann eine «Blutbahn» die weiße Mauer hinunter.

Was für eine Show, ein scheinbares Wunder, perfekt in Szene gesetzt! Ehrfurcht und Respekt vor den Kräften dieses großen Magiers machten sich breit – der Legende nach wurde durch diesen ausgeklügelt inszenierten Trick eine Rebellion verhindert: Mit einem, der über solche übersinnlichen Fähigkeiten verfügte, wollte man sich lieber nicht anlegen.

Natürlich verriet Robert-Houdin nie, wie er das angestellt hatte, es blieb sein Geheimnis.

Was diese Episode zeigt: Auch Geheimnisse, die vordergründig der Unterhaltung dienen, können eine sehr tiefgreifende Wirkung erzielen.

ENTTARNTE TRICKS

Nicht nur für Robert-Houdin, sondern für jeden Zauberer gilt: Würde das Publikum die Tricks durchschauen, wäre die Faszination verschwunden und damit letztlich die Existenzgrundlage der Zauberkunst. Zauberer, die Mitglied im *Magischen Zirkel* sind, halten sich daher eisern an die uns bereits bekannte Regel: «Wichtig, Geheimnis nicht verraten!»

Wie wichtig sie ist, erfuhr ich schon als Vierzehnjähriger mit aller Emphase und Konsequenz. Damals gab es für mich kein größeres Ziel, als in den *Magischen Zirkel* aufgenommen zu werden. Der Zirkel wurde 1912 von dem Bankbeamten Karl Schröder in Hamburg gegründet, als «eine internationale Vereinigung der Zauberkünstler zur Pflege und Förderung der magischen Kunst». Da musste ich natürlich hin.

Als ich mich 1986 dort anmeldete, erklärte mir der Vorsitzende, dass das Mindestalter für die Aufnahme sechzehn Jahre sei, er bei mir aber eine Ausnahme machen könne, da ich ja schon einiges an Vorkenntnissen mitbrächte. Das käme bei den Bewerbern nicht so häufig vor. Ich staunte nicht schlecht.

Es folgte eine Probezeit von einem Jahr; in diesen zwölf Monaten wurde mir ein Pate zur Seite gestellt, ein erfahrener Zauberkünstler. Das Wissen der Magier, so erfuhr ich, würde einzig und allein vom Meister auf auserwählte Schüler übertragen, es sei ein exklusives Wissen: Wer als Lehrling eingeweiht würde, hätte ein Verschwiegenheitsgelübde abzulegen.

Ich weiß noch genau, wie ich meinen Meister zum ersten Mal traf. Meine Mutter begleitete mich in ein Café, wo er mich erwartete. Ein äußerst eleganter Herr in den späten Sechzigern. Er trug einen gut sitzenden dunklen Anzug und ein gestärktes weißes Hemd mit Krawatte. Seine dunkelgrauen Haare waren mit Pomade nach hinten gekämmt, und er hatte einen schmalen Menjoubart. Er sah aus, wie ich mir einen Zauberkünstler immer vorgestellt hatte und wirkte wie ein wahrer Gentleman.

Nach diesem Treffen habe ich mir sofort einen Anzug, Hemd und Krawatte gekauft. Ich habe meine Mutter mehrfach durch die ganze Stadt geschleift, um auch ja den richtigen zu finden. Der Zauberkünstler hatte mit diesem kurzen Treffen etwas bewirkt, was meine Mutter in vielen Jahren davor nicht vermocht hatte: den Wunsch zu wecken, mich ordentlich anzuziehen.

Als dieser vornehme Herr uns sah, erhob er sich und begrüßte zunächst meine Mutter, danach mich. Freundlich sagte er: «Du bist also Thorsten. Ich freue mich, dich kennenzulernen. Mein Name ist Adolpho, und ich werde dir alles über die Zauberkunst zeigen, was du wissen musst.»

Das tat er dann auch. Was mich damals überraschte: Der Zauberkünstler war sehr offen. Er beantwortete jede meiner Fragen. Und ich hatte viele Fragen. Nur ganz selten meinte er: «So weit bist du noch nicht, das erzähle ich dir, wenn du Mitglied im Zirkel bist.» Hatte ich bislang allein, in meinem Zimmer, an meinen Tricks gearbeitet, so begriff ich durch Herrn Adolpho, dass man die Zauberkunst nicht im stillen Kämmerlein, vorm Computer oder (aus heutiger Perspektive) auf YouTube lernen kann, sondern einzig und allein beim Tun, in der Kommunikation und Interaktion mit anderen. Um andere zu verblüffen, um eine Verbindung herzustellen, muss der Zauberkünstler vor ein Publikum treten.

Während des Probejahres musste ich zu jeder Zirkelsitzung erscheinen, dort jedes Mal einen Trick präsentieren und auch bei jeder Zirkelgala auftreten. Nach zwölf Monaten stand eine Aufnahmeprüfung an, in der ich praktische Aufgaben zu erfüllen hatte («Lass doch mal eine Münze verschwinden»), eine Kür zeigte (ich ließ Bälle zwischen meinen Fingern erscheinen – ein Klassiker) und Fragen zur Zauberkunst beantworten musste. («Was ist der Kern der Zauberkunst?» – Antwort: «Die Täuschung.»)

Ich bestand meine Aufnahmeprüfung in den Magischen Zirkel mit Bravour. Endlich gehörte ich dazu!

Trotzdem wurden und werden Zaubertricks enthüllt – Enthüllungen sind eben faszinierend. Doch unserer Kunst haben die Aufdeckungen bislang keinen bleibenden Schaden zugefügt. Die Faszination ist geblieben, und so mancher Trickverrat sorgte sogar im Gegenteil dafür, dass die Zauberkunst noch schönere Illusionen hervorbrachte, um die alten zu toppen: Er spornte die Zauberer an, noch gewitzter vorzugehen, noch kreativer zu werden.

Allerdings gibt es einige «Künstler», deren Tricks sehr wohl als solche entlarvt werden sollten. Gemeint sind Trickbetrüger und dubiose Hellseher, die sich selbst paranormale Fähigkeiten attestieren und nicht zugeben, dass sie den Menschen etwas vorgaukeln und zu ihrem eigenen Profit falsche Versprechungen machen. Meistens sind ihre Tricks so raffiniert, dass es zu ihrer Entlarvung ein größeres Kaliber braucht, am besten einen Kollegen, der sie kennt. Der berühmteste skeptische Vertreter und vehementeste Aufdecker, der betrügerische hellseherische Medien und auch Trickbetrüger öffentlich entlarvte, war der legendäre Entfesselungskünstler Harry Houdini.

Houdini war eine schillernde Persönlichkeit, als Zauberer und Entfesselungskünstler sogar eine Sensation. Er befreite sich am Londoner Piccadilly Circus, aufgehängt in sechzig Meter Höhe an seinen Füßen, aus einer Zwangsjacke. Er sprang von der Westminster Bridge in die Themse – mit sechs Fußfesseln, acht Handschellen und einer knapp acht Meter langen Kette, die wiederum mit acht Vorhängeschlössern verriegelt war. In einer Zwangsjacke hockte er zusammen mit einem Löwen in einem Käfig oder wurde von einem Flugzeug aus in einen See geworfen – in Handschellen und in einem verschlossenen Postsack. Es gelang ihm jedes Mal, sein Leben retten und sich seiner Fesseln entledigen.

Zu seiner Zeit – er lebte von 1874 bis 1926 – war er eine Art Superman, ein Mythos. Er verbreitete mit seinen bis heute unerreichten Stunts Hoffnung, er galt als ein Symbol für Freiheit und Unabhängigkeit. Nichts schien diesen Mann stoppen zu können, alles schien möglich. Wahrscheinlich ist es kein Zufall, dass er seine größten Erfolge in Ländern feierte, in denen Freiheit damals nicht selbstverständlich war, in Deutschland und Russland. Noch heute existiert in den USA das Wort *houdinize*: Es wird dann benutzt, wenn jemand einfach so entwischt und spurlos verschwindet.

Houdini hieß eigentlich Erik Weisz und wurde in Budapest geboren. Sein Vater war Rabbi und wanderte mit seiner Familie in die USA aus, als Erik noch ein Kind war. Irgendwann fand das Buch *Die Memoiren des Zauberers Robert-Houdin* den Weg in sein Leben. Sie gehören für mich noch immer zu den schönsten Memoiren, die ich gelesen habe. Erik Weisz war offensichtlich ähnlich begeistert davon wie ich später, der Franzose wurde jedenfalls sein großes Vorbild, fortan nannte Erik Weisz sich Harry Houdini.

Houdini wusste um die Qualität und Bedeutung des Verborgenen und Geheimen. Er sagte einmal: «Das Geheimnis des Showgeschäfts besteht nicht darin, was du tust, sondern darin, was das

Publikum denkt, dass du tust.» So kamen die Menschen scharenweise ins Theater, um minutenlang auf einen geschlossenen Vorhang zu schauen, nur weil Houdini sich dahinter befreite.

Houdini hatte ein großes Interesse daran, die Tricks spiritistischer Medien zu entlarven, denn er sah, dass sie eine Menge Geld mit Unfug verdienten. Er startete einen regelrechten Kreuzzug gegen sie. Bereits in seinem ersten Buch *The Right Way to Do Wrong*, das 1906 veröffentlich wurde, beschrieb er die Methoden der Wunderheiler, spiritistischen Medien und auch der Trickbetrüger, weil er durch sie seine Zunft beschädigt sah.

Mir persönlich gefällt besonders seine Geschichte über Diamantendiebe, die damals sehr geschickt in London und Paris Juweliergeschäfte ausraubten. Houdini beschreibt, wie hierzu eine gut gekleidete und wohlhabend aussehende Dame einen Juwelier aussucht und sich geschliffene Diamanten zeigen lässt. Während der Verkäufer ihr die Steine präsentiert, betritt eine zweite, ebenfalls reich aussehende Dame das Geschäft. Sie geht zum Verkaufstisch und betrachtet sich interessiert die Steine. Plötzlich fehlt einer der teuersten Diamanten. Der Geschäftsführer ruft daraufhin die Polizei. Die beiden noblen Damen beteuern natürlich ihre Unschuld. Als sie durchsucht werden, ist der Diamant auch tatsächlich nicht bei ihnen zu finden. Schließlich müssen die Frauen entlassen werden, der Diamant fehlt weiterhin, es gibt nicht die geringste Spur.

Der Trick ist einfach und äußerst clever: Die zwei «Damen» gehören einer Bande an. In einem unbemerkten Moment presst eine von ihnen den ausgesuchten Stein in ein Kaugummi, das sie dann gut versteckt unter den Verkaufstisch klebt. Dort haftet er, bis die Polizei und neugierige Passanten den Laden betreten. Das ist der große Moment für ein drittes Bandenmitglied: Inmitten der Menge nimmt es den Stein an sich.

Mochte Harry Houdini Wahrsager und Medien auch deshalb nicht, weil sich viele ihrer scheinbar übernatürlichen Fähigkeiten auf Techniken stützten, die er selbst für seine Entfesselungen benutzte? Unwahrscheinlich ist das nicht. Womöglich sah er sie als Konkurrenz, denn während der spiritistischen Sitzungen, die meist im Dunkeln stattfanden, war es üblich, dass die Medien sich Hände und Füße fesseln ließen. Auf dem Tisch, an dem die Teilnehmer der Runde saßen, befanden sich Gegenstände, die, wurde das Licht wieder angemacht, auf einmal an anderen Stellen lagen. Außerdem klingelten Glöckchen scheinbar von selbst, erschienen die Namen Verstorbener wie aus dem Nichts auf Schiefertafeln, oder es ertönten Klopfzeichen als Antworten auf Fragen an die Verstorbenen. Teilweise nahmen die Anwesenden im Dunkeln Berührungen wahr, einige behaupteten sogar, sie hätten Küsse auf ihren Wangen verspürt, die sie den Verstorbenen zuordneten.

Auch hier war der Trick geradezu teuflisch gut: Houdini wusste natürlich, wie die Scharlatane sich von ihren Fesseln befreien konnten. Auf diese Weise hatten sie mindestens eine Hand frei, um Klopfzeichen zu geben, mit Glöckchen zu klingeln oder Wörter auf Tafeln zu schreiben. Und was die Küsse der Toten betrifft: Von einem Komplizen wurden auf ein bestimmtes Wort hin aus einem Nebenraum Seifenblasen in den dunklen Raum gepustet. Wenn unser Gesicht im Dunkeln von einer Seifenblase berührt wird, fühlt sich das sehr gespenstisch an. Bei einer spiritistischen Sitzung ist der Effekt für Anwesende natürlich noch viel eindrücklicher…

Houdini war der Beste in seinem Metier. Durch seine sehr intensive Beschäftigung mit der Zauberkunst und seine unglaubliche Kreativität hatte er den Ruf, jeden noch so genialen Trick zu durchschauen. Er wusste, dass es zum Aufdecken des Betrugs einen Zauberer braucht. In einem Interview mit der *Los*

Angeles Times sagte er: «Man braucht einen Schwindler, um einen Schwindler zu schnappen.» Hier war es wieder: das Schlagen mit den eigenen Mitteln. Harry Houdini sprach sogar vor dem Kongress der Vereinten Staaten, um ein Gesetz gegen falsche Medien ins Leben zu rufen, wofür er als Ungläubiger und Wahnsinniger verunglimpft wurde. Dabei hatte er nur die Wahrheit ans Licht bringen wollen. Durch die Enttarnung wollte er, wie die heutigen Whistleblower, Geheimnisse aufdecken, auf deren Enthüllung die Öffentlichkeit ein Recht hat. Houdini zeigte, dass es sehr wohl zusammenpasst, Geheimnisse zu haben und zeitgleich für die Aufdeckung von Geheimnissen zu sorgen – dann nämlich, wenn sie Schaden anrichten.

Ich erinnere mich auch an die Geschichte eines Zauberkünstlers (seinen Namen habe ich leider vergessen), dessen Tricks in den vierziger Jahren an die *New York Times* verraten wurden. Komplett. Und sie wurden nicht nur preisgegeben, sie wurden auch gedruckt. Die Schlagkraft des Artikels war immens und fügte dem Zauberkünstler enormen Schaden zu. Die Leute besuchten in der Folge nicht mehr seine Shows, weil die Faszination, die Geheimnisvolles auslöst, mit dieser Veröffentlichung verschwunden war. Doch Zeitungen leben von der Sensation. Irgendwann war die Aufdeckung nicht mehr aktuell und wurde vergessen.

Und heute, im digitalen Zeitalter? Es gibt fast keinen einzigen Zaubertrick mehr, den man nicht im Internet auseinandergenommen hätte. Der israelische Mentalist Uri Geller wurde zuerst von dem kanadischen Zauberkünstler James Randi demontiert, andere vermeintlichen Aufklärer folgten ihm.

Die Konsequenz? Erstaunlicherweise keine! Das hatte verschiedene Gründe. Zum einen wollten, im Gegensatz zu den vierziger Jahren, viele Menschen gar nicht wissen, wie die von Geller präsentierte Illusion zustande gekommen war – sie wollten dieser nicht beraubt werden. Ein anderer Grund wog wahrscheinlich schwerer: Die Erklärungen von Gellers «Kollegen» waren größtenteils falsch (bis auf die von James Randi, er weiß wirklich, wovon er spricht).

In einer der vielen Aufklärungssendungen über die Zauberkunst, die damals im Fernsehen ausgestrahlt wurden, versuchte man auch, das Geheimnis der «schwebenden Dame» zu ergründen. Der Trick, so sagte der maskierte Magier, der ihn vorführte und zugleich entlarven wollte, sei ganz simpel: Hinter der Wand, vor der die Dame schwebt, stünde ein Gabelstapler. Die Dame lege sich lediglich auf die Gabel, die man extra zu diesem Zweck schwarz übermalt hätte. Durch Öffnungen in der Rückwand könne der Gabelstapler dann die Dame nach oben heben, das Gerät selbst würde durch die Wand verdeckt bleiben.

Das wäre natürlich eine Möglichkeit, ich will sie gar nicht bezweifeln, allerdings kenne ich persönlich keinen Kollegen, der einen Gabelstapler besitzt. Nicht einen! Die Erklärungen waren stellenweise so dämlich, dass sie viele Zuschauer auf eine völlig falsche Fährte lockten. Der Illusionist David Copperfield nutzte das genial aus. In seiner Show ließ er eine Frau schweben. Die Zuschauer dachten natürlich sofort: Aha, verantwortlich dafür ist ein Gabelstapler. Aber dann ließ Copperfield die Rückwand abbauen, während die Frau noch in der Luft war. Und hinter der Wand war – nichts! Die Schwebende fiel trotzdem nicht herunter auf den Boden. Die Bewunderung für Copperfield war nach diesem verblüffenden Effekt natürlich ungleich größer.

Nicht jedes scheinbar gelüftete Geheimnis sorgt also für Klarheit, manchmal führt es direkt zum nächsten. Wie ein Spiegel im Spiegel.

Endlos ließen sich solche spektakulären Aktionen aneinanderreihen, ob sie nun auf Marktplätzen oder Bühnen, im Fernsehen oder in Wohnzimmern stattfinden. Meine eigenen eingeschlossen. Die Zuschauer zerbrachen sich hinterher die Köpfe, wie das, was sie mit offenem Mund betrachtet hatten, vonstattengegangen war, oder sie gingen einfach nur beseelt nach Hause und hatten für eine Weile ihre Alltagssorgen vergessen. Das ist das Ziel, dafür haben Künstler ihre Geheimnisse.

Eines Tages fing ich an zu überlegen, welche Geheimnisse wohl mein Publikum hatte. Ich hatte welche vor ihnen, darauf basierte meine Unterhaltung und die aller Zauberkünstler und Magier – aber welche hatten sie vor mir? Konnte ich sie den Zuschauern womöglich zurückspielen, um ihnen zu zeigen, was Geheimnisse mit ihnen machten?

Um das zu erfahren, bat ich meine Zuschauer in einem ersten Schritt, mir anonym ihre Geheimnisse zu schreiben. Ich ließ Postkarten drucken, legte sie in den Theatern aus und wartete auf Rückmeldung. Inspiriert hatte mich dazu der US-amerikanische Künstler Frank Warren, der eine Aktion durchführte, die er «PostSecret» genannt hatte. Bei diesem Kunstprojekt konnte jeder ein Geheimnis, das er auf eine selbstgestaltete Postkarte schrieb, an Warren schicken. Was zunächst nur auf der Kunstausstellung Artomatic 2004 in Washington D. C. gezeigt wurde, setzte sich ab 2005 im Internet fort. Nach eigenen Angaben erhielt Warren bis zu tausend Postkarten jede Woche und stellte jeweils sonntags eine Auswahl neuer Karten online.

Die einzige Bedingung bei dieser Aktion: Es musste ein wirkliches Geheimnis sein, der Absender durfte es noch niemandem anvertraut haben. Da auf Postkarten kein Absender angegeben wird, blieb die Nachricht tatsächlich anonym und konnte nicht wie ein Brief, eine E-Mail oder ein Post in den sozialen Netzwerken auf den Absender zurückgeführt werden. Frank Warren ist ehrenamtlicher Mitarbeiter bei Hopeline, einer Telefonseelsorge für Suizidgefährdete. An diese Organisation gingen auch die Einnahmen aus den Büchern mit den Einsendungen, die mittlerweile gedruckt worden waren.

Seit 2008 gibt es ein deutsches Pendant: Der Tübinger Sebastian Schultheiß stellt auf http://postsecretdeutsch.blogspot.de/ Geheimnisse online. Sie drehen sich am häufigsten um unerwiderte Liebe, Beziehungsprobleme und Konflikte.

Beide Aktionen sind eine Fundgrube an anonymen Geheimnissen. Ich wollte mich aber nicht bei Warren oder Schultheiß bedienen, sondern mein eigenes Publikum besser kennenlernen.

Der Rücklauf war gigantisch. Sicher hatte es damit zu tun gehabt, dass Menschen, die ein Geheimnis aufschreiben, es sich praktisch von der Seele schreiben. Sie fühlen sich hinterher besser. Aus demselben Grund sollten wir Kinder mit ihren Stofftieren reden lassen. Über die nützliche Funktion vom Tagebuchschreiben haben wir ja schon gelesen.

Probieren Sie es doch selbst einmal aus! Notieren Sie auf der folgenden Seite ein Geheimnis. Die von Ihnen beschriebene Seite trennen Sie dann aus dem Buch, um sie zu verbrennen. Oder sie kommt in den Schredder. Oder Sie zerreißen sie in kleine Schnipsel und spülen diese anschließend im Klo runter. Egal wie Sie diese Seite vernichten – Sie werden sehen, es löst etwas in Ihnen aus.

Schreiben Sie hier Ihr Geheimnis auf:

Ich erinnere mich noch, wie ich zum ersten Mal zur Post fuhr, um die im Publikum verteilten Postkarten abzuholen. Schon in der Filiale konnte ich meine Neugierde kaum stoppen und begann gleich zu lesen, was meine Zuschauer beschäftigte. Als ich die Karten später auswertete, fiel mir auf, dass die mit Abstand häufigsten Rückmeldungen tatsächlich aus Geheimnissen bestanden, die den Geheimnisträger seelisch wie auch körperlich belasten:

- Ich habe drei Kinder. Mein Mann und ich führen inzwischen wieder eine gute Beziehung, er ist ein wunderbarer Vater. Mein jüngster Sohn ist jetzt fünf, aber er ist nicht von ihm. So langsam schlagen die Gene durch, man sieht es, dass mein Sohn «aus der Art schlägt». Erst kürzlich hat mich eine Freundin darauf angesprochen, zwar mehr als Scherz gemeint, aber das hat mich mitten ins Herz getroffen. Ich habe große Angst, dass unsere Familie auseinanderbricht.

- Ich habe die Frau fürs Leben gefunden. Unsere Beziehung ist wunderbar, wir genießen jeden Tag miteinander, wir haben uns gefunden und sind ehrlich miteinander. Bis auf eine Tatsache. Ich trage ein Geheimnis mit mir herum: Ich kann keine Kinder zeugen. Das habe ich meiner Freundin bislang verschwiegen, und es quält mich sehr. Sie will heiraten und Kinder haben, das ist ihr Lebenstraum, den ich ihr nicht bieten kann. Aus Angst, sie zu verlieren, bringe ich das Geheimnis nicht über die Lippen.

- Ich bin verheiratet, habe zwei Kinder und seit einigen Wochen eine Beziehung mit einem Kollegen. Wir arbeiten eng miteinander, genießen diese Nähe am Arbeitsplatz sehr und treffen uns heimlich in der Mittagspause im Park und nach Feierabend in einem Hotel. Unser Chef darf das nicht wissen, dann verlieren wir beide unsere Jobs. Ob unsere Kollegen etwas ahnen, weiß ich nicht. Mir tut das Geheimnis gut, es beflügelt mich, endlich habe ich nach fast zwanzig Jahren Ehe wieder Schmetterlinge im Bauch, aber es ist ein Spiel mit dem Feuer.

· Ich hatte mit einer fremden Frau ungeschützten Geschlechtsverkehr. Ich muss verrückt gewesen sein.

· Ich habe mich in eine Frau verliebt – bin selber eine Frau und verheiratet mit einem Mann.

· Ich habe derzeit schlaflose Nächte, da ich mir überlege, wie ich am besten meinen beschissenen Job kündige, weil ich seit sieben Monaten gemobbt werde. Meine geheimen Rache-Phantasien: Top 1) Kapelle mit Blasmusik; Top 2) Abrechnung; Top 3) Geöffnete Fischpackung verstecken – hinterm Schrank?

· Ich bin homosexuell, aber die Gesellschaft weiß das nicht.

· Ich habe ins Bett gemacht, bis ich acht Jahre alt war.

· Ich war zehn Tage in der Psychiatrie eingesperrt.

· Mein Mann denkt, dass unser Sohn (8) ein «Unfall» war, dabei habe ich mit voller Absicht darauf hingearbeitet, schwanger zu werden. Ich habe die Pille durch Folsäuretabletten ausgetauscht und diese brav jeden Tag vor seinen Augen eingenommen. Manche Menschen muss man eben zu ihrem Glück zwingen ... Ich werde ihm die Wahrheit sagen, wenn ich auf dem Sterbebett liege. Danke für diese Aktion, Herr Havener ☺

Ich konnte gut nachvollziehen, warum die Menschen diese Geschehnisse zu ihrem Geheimnis machten. Es war mir bewusst, dass jeder Einzelne von uns Dinge mit sich herumträgt, die privat sind, die «ins Heim» gehören und die wir niemandem zeigen möchten – oder zumindest nur Menschen, denen wir hundertprozentig vertrauen. Oder anonym, gegenüber Fremden, weil man dort nichts zu verlieren hat. Es war schon interessant, und ein bisschen hatte es mich auch erstaunt, dass die meisten Geheimnisse auf den Postkarten dunkel waren.

Keiner teilte positive Geheimnisse mit mir. Niemand bestätigte meine Meinung, dass Geheimnisse nützlich sein können, dass wir sie brauchen. Aber ich blieb bei meiner Ansicht: Geheimnisse haben auch eine wunderbare Seite. Lassen Sie mich Ihnen an dieser Stelle noch einmal ein paar persönliche Beispiele für vergnügliche Geheimnisse nennen:

Trete ich im Fernsehen auf oder sind meine Kinder in einer meiner Shows unter den Zuschauern, benutze ich einen Code, eine Art Familiencode: Jedes Mal, wenn ich eine ganz bestimmte Handbewegung mache, ist das ein versteckter Gruß. Es ist eine eher ungewöhnliche Bewegung, die aber auch nicht weiter auffällt. Dieser codierte Gruß ist unser geheimes Zeichen und sorgt für ein Gefühl von Verbundenheit.

Meine Kinder erwarten von mir allerdings nicht nur diesen Gruß, sondern vor jedem Auftritt geben sie mir auch eine Liste von Wörtern mit, die ich in meinem Programm, in einem Radiobeitrag oder Vortrag einbauen muss. Es sind Wörter, die man gewöhnlich nicht so häufig sagt, die aber auch nicht weiter auffallen und die vor allem normalerweise nicht bei mir auf der Bühne oder im Vortragstext vorkommen: «Papa, heute haben wir uns die Worte ‹Schraubverschluss›, ‹Pfeifentabak›, ‹Aloha› und ‹Rasierpinsel› ausgesucht. Diese Worte musst du einbauen!»

Es ist ein festes Ritual, und ich halte mich strikt daran. Kürzlich habe ich in einer TV-Sendung gemerkt, dass ich nur noch dreißig Sekunden Sendezeit hatte und das Wort «Kolbenfüller» noch nicht untergebracht hatte. Das Wort ging aufs Konto meiner jüngsten Tochter, sie hatte es sich zwei Stunden vor der Sendung in einem Telefonat gewünscht. Ich kam kurz ins Schwitzen, aber es gelang mir dann doch noch. Später lachten wir uns halb tot über unser gemeinsames Geheimnis – und schufen so wunderbare Momente der Verbundenheit.

Lassen Sie mich Ihnen noch ein weiteres Beispiel nennen: Mein Schwiegervater war früher Zauberkünstler. Meine Frau hat sich als Kind sehr stark gefühlt, weil sie als Einzige in ihrer Schulklasse wusste, wie ihr Vater ihre Mutter schweben lassen kann. Oder wie es möglich war, sie scheinbar zu zersägen, sie aber trotzdem heil blieb. Das Wissen um diese Geheimnisse gab meiner Frau Selbstvertrauen.

Und auch ich selbst zog aus meinem geheimen Wissen Selbstbewusstsein – und Stolz: Nur ich wusste, wie der Ring meiner Lehrerin an meinen Schlüsselbund gewandert war. Meine Zaubertricks kannte einzig ich. Wenn ich einem Zuschauer unbemerkt die Uhr vom Handgelenk entwendet oder eine Spielkarte in die Tasche gesteckt habe, löste das in mir ein Hochgefühl aus wie sonst nur ein Gitarrensolo von Stevie Ray Vaughan oder John Mayer. Ich wusste, dass ich jemanden gleich zutiefst verblüffen würde. Der Trick war schon gelaufen, die *dirty work* beendet, doch der Beteiligte hatte noch nicht den geringsten Hauch einer Ahnung. Ich war schon fertig, bevor es für meinen Zuschauer überhaupt angefangen hatte. Ich kann Ihnen verraten: Das gibt extrem viel Selbstbewusstsein.

Als ich mich an solche Beispiele erinnerte, dachte ich weiter nach: Wie konnte es gelingen, dass das Publikum eine andere Vorstellung von Geheimnissen bekam? Dass ich ihnen die positive Seite des Geheimnisses vermittelte? Die ich aus meiner eigenen Erfahrung kannte und die, wie wir gesehen haben, zahlreiche wissenschaftliche Studien bestätigen? Konnte das auf der Bühne gelingen?

Die Zauberkunst beschäftigt sich seit jeher mit der Spannung zwischen dem, was wir sehen, und dem, was wir wissen. Ein guter Zauberer löst beim Betrachter Faszination und Verwunderung aus. Er lässt uns nicht kalt; das Gesehene macht etwas mit uns. Da ist ein Geheimnis mit im Spiel, etwas, das der Künstler weiß und ich nicht. Dadurch kommen meine Gedanken in Fahrt. «Warte mal, das kann doch nicht sein, das gibt's doch nicht!» Das ist das wahre Geheimnis, jedenfalls von meiner Seite aus: Dem Gegenüber zu zeigen, dass man etwas weiß – dieses Wissen aber nicht zu teilen. Das macht uns doch verrückt: zu wissen, dass der andere etwas weiß, das ich nicht weiß. Diesen Kniff haben sich Werbeagenturen, vor allem aber die zahlreichen Lebenshelfer und Erfolgsgurus bei den Zauberern abgeschaut. Ein kurzer Blick auf die Websites der Lebensoptimierer reicht: «Ich verrate dir meine sieben Erfolgsgeheimnisse.» Oder, beim Kollegen einen Klick weiter: «Die sechs goldenen Erfolgsgeheimnisse». Jaja, schon klar. Solche Geheimnis-Versprechen entfachen beim kritischen Betrachter meist kein wundervolles Staunen, sondern wirken abgenutzt: Zu oft wurden sie wiederholt und zu selten eingelöst.

Spielt dagegen ein Zauberer mit unserer Realität, dann berührt uns das. Diese hoch emotionale Form des Staunens ist gerade in der Zauberei elementar. Und auch wenn wir uns dessen oft nicht bewusst sind und wir vielleicht noch nicht darüber nachgedacht haben – wir lieben es zu staunen, gewisse Dinge im Verborgenen zu ahnen, aber sie nicht zu kennen. Aus diesem Grund mag ich auch keine Superhelden-Filme. Hier wird mir zu viel gezeigt und erklärt. Wir wissen, wie der Superheld seine Supertaten zustande bringt. Er hat einen Superanzug oder er kann sich klein machen oder er kann fliegen oder oder oder. Das ist mir zu platt und langweilt mich. Dagegen ist Hannibal Lecter in dem Film *Das Schweigen der Lämmer* undurchsichtig und bedrohlich. Ich habe als Zuschauer keine Ahnung, wann der Psychopath aus seiner Rolle ausbricht und wann nicht – und genau das lässt mich nicht kalt; ich bin emotional voll dabei.

Oder bei einer Kampfszene mit Bruce Lee – bei der sehe ich zwar, wie er kämpft, ich habe aber trotzdem keine Ahnung, wie er das macht. Und das wirkt nach. Der Akteur legt seine Motive nicht offen, teilt sie nicht mit uns. Seine Gedanken hinter den Taten bleiben geheim. Und das regt uns an, uns eigene Gedanken zu machen, vielleicht sogar eigene Nachforschungen anzustellen.

Zauberkunst zeigt uns den Unterschied auf zwischen den Emotionen Neugier und Staunen. Der Deal mit einem Zauberer besteht in der Bereitschaft, *nicht* wissen zu wollen.

Das ist übrigens auch der Unterschied zwischen Geheimnissen und «Tricks». Nur ein Amateur denkt, das Geheimnis der Zauberkunst wären die Tricks. Nein, die Tricks sind nur die Technik, die Grundtöne, die Akkorde. Aber genau wie ich in der Musik wissen muss, dass ich nach dem Dominantseptakkord zur Tonika auflösen sollte, muss ich in der Zauberkunst wissen, wie ich meine Tricks einsetze, um in meinen Zuschauern Emotionen auszulösen. Das ist das wahre Geheimnis der Zauberkunst.

Denn erst aus dem Staunen heraus beginnen wir nachzudenken und zu philosophieren. Neugier heißt: «Wie geht das?» Staunen geht viel tiefer, ist viel emotionaler, bringt eine Saite in uns zum Schwingen. Staunen lässt fragen: «Warum ist das so?»

Die englischen Zauberkünstler Nevil Maskelyne und David Devant wussten das. Sie schrieben eines der bedeutendsten Bücher der Zauberkunst, *Our Magic*. Das Buch beginnt mit den Worten:

«Ohne jeden Zweifel liegt die Anziehungskraft der Zauberei zu großen Teilen in ihren ‹Geheimnissen›.»

Sie waren zu ihrer Zeit, im 19. Jahrhundert, sehr populär. Sie füllten die größten Säle und erreichten viele Menschen, jeder wollte erfahren – und natürlich herausfinden –, was es mit ihren Tricks auf sich hatte. Was aber nicht gelang. Und damit ihnen niemand auf die Schliche kam, wiederholten sie auch nicht ihre Nummern. Doch das Spiel mit dem Geheimnisvollen reichte über die Bühnenauftritte hinaus. Das Publikum ging vollkommen berauscht nach Hause. Was war da gerade eben passiert? Noch nie hatte man so etwas Phantastisches gesehen! Die Zuschauer atmeten das Geheimnisvolle ein, ihr ganzes Bewusstsein war davon durchdrungen. Nicht zu fassen! Dieses Nichtwissen, das Verborgene, Rätselhaft-Mysteriöse wirkt anziehend und merk-würdig.

Ein weiteres Beispiel. David Berglas ist eine Legende. Er war von den fünfziger Jahren an bis in die Achtziger hinein in Großbritannien ein Fernsehstar. Er war der «International Man of Mystery». Und das nicht ohne Grund, er kreierte echte Wunder. Als ein Journalist mit ihm durch London fuhr, fragte er Berglas, ob er ihm denn nicht einen Trick zeigen könne, nur einen einzigen. Ohne seine Hände vom Steuer oder die Augen von der Straße zu nehmen und eher nebenbei, bat Berglas daraufhin den Journalisten, eine Zahl bis zweiundfünfzig und eine Spielkarte zu nennen. Die Antwort des Journalisten: «Siebenundzwanzig und Kreuz Drei!» Berglas erwiderte daraufhin, weiterhin beiläufig: «Schön. Und sieh nun im Handschuhfach nach, da liegt ein Kartenspiel – nimm das mal raus und schau dir die siebenundzwanzigste Karte an.» Es war die Kreuz Drei. Unglaublich! Wegen solcher Nummern hatte Berglas den Ruf, das Unmögliche möglich machen zu können.

Was früher außer seinen engsten Vertrauten niemand wusste: Er spricht fließend Deutsch. Nachdem Berglas in England und in den Niederlanden große Erfolge mit eigenen TV-Shows hatte, wurde man auch in Deutschland auf ihn aufmerksam, und eine Produktionsfirma lud ihn nach München ein, um mit ihm über ein mögliches Fernsehformat zu reden.

Berglas kam nun in der bayerischen Hauptstadt an, an seiner Seite ein Dolmetscher. Während des Gesprächs redete er kein Wort Deutsch, hielt seine diesbezüglichen Kenntnisse geheim. Am Ende der Verhandlungen war man sich einig. Die Sendung sollte wenige Wochen später produziert werden. Berglas sicherte zu, in England einen Sprachlehrer hinzuzuziehen und seine Tricks auf Deutsch vorzubereiten. Nur einige Wochen später erschien Berglas am Set und sprach fließend Deutsch.

So erlangt man Legendenstatus. Über diese Geschichte wird heute noch geredet. Wenn ich mir vorstelle, dass sich das nur einige Kilometer von mir zu Hause zugetragen hat – großartig! Und so erreichen und berühren Zauberkünstler ihr Publikum von Anbeginn.

WAS UNS ANTREIBT

Der britische Premierminister Winston Churchill hatte während des Zweiten Weltkriegs zahlreiche schwerwiegende Entscheidungen zu treffen. Die Alliierten hatten es bis zu diesem Zeitpunkt nicht geschafft, den Vormarsch der Wehrmacht in Richtung Westen zu stoppen. Wie sollte England der deutschen Kriegsmaschinerie begegnen, zumal die eigene Armee nicht ausreichend gerüstet war? Die Lage war angespannt. Churchill wusste, dass er Beschlüsse zu fassen hatte, die über Leben und Tod vieler Menschen an der Front entschieden.

Während einer Strategiesitzung hatten Freunde Churchill in

der Pause zum Essen eingeladen. Eigentlich wollte er die Unterbrechung nutzen, um mit den anderen Parlamentsmitgliedern weiter über die Bedrohung durch die Deutschen nachzudenken, doch er ließ sich überreden, an dem Dinner teilzunehmen. Nachdem die Mahlzeit beendet war, erhob er sich, um erneut zu den Parlamentariern zu stoßen. Seine Freunde bestanden aber darauf, dass er noch für einige Augenblicke blieb, gleich würde ein Künstler auftreten, mit einem außergewöhnlichen Programm, lange würde es nicht dauern.

Churchill zögerte, blieb jedoch schließlich auf seinem Platz sitzen. Bald darauf betrat Harry Green den Raum. Green, ein Zauberer aus den Vereinigten Staaten, ging direkt auf den britischen Premier zu, als sei das eine abgemachte Sache, zog ein funkelnagelneues Kartenspiel aus seiner Tasche und zeigte in der Folge einen Trick, der sich «Out of This World» nennt. Unter Experten gilt dieser Kartentrick noch heute als einer der besten, der je erdacht wurde.

Für seine Darbietung nahm Green das Blatt aus der Schachtel und legte eine rote und eine schwarze Karte mit dem Bild nach oben auf den Tisch. Anschließend überreichte er Churchill die restlichen Spielkarten und bat ihn, diese zu mischen und dann einzeln und mit dem Bild nach unten auf die beiden Karten zu verteilen, dabei sei es wichtig, dem eigenen Gefühl zu folgen: Glaube der Premier, die Karte sei rot, solle er sie auf die rote Karte legen, gehe er davon aus, die Karte, die er in der Hand halte, sei schwarz, komme sie auf die schwarze Karte. Churchill sortierte, wie aufgefordert, das verdeckte Blatt den beiden offen liegenden Karten zu. Nachdem er fertig war, erklärte Green, die Wahrscheinlichkeit, dass der Premierminister sämtliche Karten richtig geschätzt habe, liege bei zweihundert Trillionen zu eins. Zur besseren Vorstellung: 200 000 000 000 000 000 000:1.

Green drehte nun die Karten um. Keiner hatte erwartet, was dann zu sehen war: Sämtliche Spielkarten waren perfekt zugeordnet. Rot lag auf Rot und Schwarz auf Schwarz. Churchill bat Green, den Trick zu wiederholen, natürlich wieder mit ihm als Kartenleger. Green willigte ein. Das Ergebnis in diesem Fall? Es wich nicht von der ersten Demonstration ab. Alle Karten waren richtig sortiert.

Churchill war fasziniert! Plötzlich war er in einer anderen Welt. Seine Gedanken kreisten nicht mehr um den Krieg. Green zauberte weiter mit den Karten für Churchill, und der Premier kam aus dem Staunen nicht mehr heraus. Als er um zwei Uhr nachts in den Houses of Parliament auftauchte, beschrieb ein *London Times*-Reporter sein Aussehen als «benebelt». Doch das Gegenteil war der Fall: Voller Elan widmete sich Churchill jetzt der fortgesetzten Sitzung. In ihrem Verlauf entstand der Plan, der den Alliierten zum Sieg verhelfen sollte.

Was war passiert? Wieso hatte der Premierminister plötzlich wieder neue Ideen und war entscheidungsfreudig? War es nur der unterhaltsame Abend gewesen, der ihn von der Strategiesitzung zeitweilig abgelenkt hatte, oder war hier doch mehr passiert?

Gute Zauberkünstler schaffen es, die Tür zur Phantasie und damit zur Kreativität zu öffnen. Deshalb liebe ich meine Kunst, denn wir Zauberer und modernen Magier zeigen Dinge, die eigentlich gar nicht funktionieren dürften, die jeder Logik widersprechen. Und das beeindruckt die Menschen, die sie sehen. Es eröffnet ihnen den Zugang zu Parallelwelten. In ihnen entstehen unsere Visionen, und damit wird ein Blick auf kreative Alternativen möglich. Denn in unserer Phantasie kennen wir keine Grenzen – hier ist alles möglich. Und wer weiß? Vielleicht hatte Green Churchill mit seinen Zauberkunststücken beflügelt und ihm so neue Energie für die anstehenden Entscheidungen gegeben.

Hätte Green das Geheimnis seines Kartenmysteriums offengelegt, wäre die Wirkung auf Churchill verlorengegangen. Statt eines tief emotionalen Moments des Staunens hätte er einem nachträglich gelösten Rätsel beigewohnt. Und das hat immer einen schalen Beigeschmack. Wie Mundgeruchkaffee im Flugzeug. «Ach, sooooo einfach ist das – da hätte ich ja auch drauf kommen können.» Bist du aber nicht! Und genau das ist einer der wesentlichen Punkte.

«Wissen ist eine wunderbare Sache – Nichtwissen aber auch», sagte der großartige Mentalist Max Maven einmal in einem Interview.

Dieses Spiel von Wissen oder Nichtwissen, das die Kreativität fördert, kommt in unserem heutigen Alltag jedoch oft zu kurz. Wir nehmen uns nicht mehr genug Zeit dafür. Statt einen Moment zu genießen und in guter Erinnerung zu behalten, zücken wir zu schnell das Smartphone und fotografieren ihn. Durch das Handydisplay sieht die Welt aber anders aus. Kürzlich erzählte mir mein Sohn, dass er am Morgen etwas unglaublich Cooles gesehen hätte, es aber nicht fotografieren konnte, weil er sein Handy zu Hause vergessen hatte. Das ärgerte ihn noch am Abend. Ich fragte ihn, was er denn hatte fotografieren wollen. «Weiß ich gar nicht mehr, aber es war toll.» Ich musste an einen Ausspruch der Schriftstellerin Susan Sontag denken: «Das Problem besteht nicht darin, dass Menschen sich anhand von Fotos erinnern, sondern dass sie sich nur an die Fotos erinnern.»

In den vergangenen Jahren haben Kognitionsforscher die Kreativität genauer unter die Lupe genommen. Eine Erkenntnis trat dabei immer offenkundiger zutage: Jeder besitzt Kreativität, sie ist keineswegs eine Eigenschaft, die sich allein bei Künstlern oder Genies finden lässt – man muss jedoch wissen, wie man sie hervorlockt. Und genau das geschieht, indem man das Gehirn mit

Ungewöhnlichem konfrontiert. Kreativität lässt sich über die Freude am Unbekannten entwickeln.

Ein Forschungsteam der Business School INSEAD in Frankreich und der Northwestern University in den USA fand heraus, dass Menschen am kreativsten sind und sich auch besonders wohl fühlen, wenn sie zuvor länger im Ausland gelebt und viele neue Erfahrungen gemacht haben.

Nun müssen Sie nicht unbedingt gleich nach Übersee ziehen, um kreativ werden zu können: Sie können das ebenso in Ihrer Vorstellung tun, sich vorstellen, wie es wäre, was Sie tun, wie Sie dort leben würden. Es ist hilfreich, die Gedankenroutine zu durchbrechen und kurzfristig mental abzutauchen, uns in eine geheimnisvolle Welt voller unbekannter Dinge zu begeben, so wie Churchill beim Dinner mit Green. Taucht man dann wieder auf, kann man die freigesetzte Energie nutzen, um Lösungen zu finden.

Unsere durchs Staunen über das Geheimnisvolle ausgelöste Kreativität hat einen nicht zu unterschätzenden Einfluss auf unser Leben. Die Frage ist nur, wie Sie sich zum Staunen motivieren können – denn nicht immer steht ein Harry Green zur Verfügung.

Hilfreich ist hier das planvolle Tagträumen. Ich selbst habe mich schon oft komplett in andere Welten geträumt. Nicht nur um mit Problemen fertigzuwerden, von denen ich dachte, sie würden mich in Stücke reißen, sondern auch um meine Abendprogramme zu erträumen, um neue Effekte für meine Shows zu erfinden oder neue Gedanken für meine Vorträge zu üben. Das Tagträumen als Ihr Geheimnis ist jener Schutz, den wir alle brauchen, wenn es um Gedanken und Ideen geht, die noch zu unfertig und damit zu fragil sind, um von anderen gehört zu werden und vor ihnen zu bestehen. Dieser Schutzraum, den ein Geheimnis bietet, schenkt uns einen großen Grad an Freiheit – denken Sie nur an die erste Komposition meiner Tochter. Sobald wir aber alles durchdacht oder eine Sache fertiggestellt haben, können wir damit in die Öffentlichkeit treten. Das betrifft nicht nur unsere Kreativität, das können auch Dinge oder Erlebnisse sein, die wir vor anderen geheim halten wollen.

Tagträumereien sorgen dafür, dass wir aus unserer Tretmühle ausbrechen, aus unserem Hamsterrad, und anfangen, anders zu denken. Was man nie gewagt hat, wird möglich. Man kann die scheinbar unmöglichsten Dinge erfinden. Man kann sich selbst zum Staunen bringen, dass man überhaupt solche Phantasien hervorrufen konnte. Beschwingt ist man, plötzlich bekommt man neue Impulse. Das, was tief in einem gelegen hat, bricht sich Bahn, will in die Tat umgesetzt werden. Sie müssen nur wissen, was Sie wollen. Mutter Teresa wollte den Frieden, der zu Hause beginnt, im «Heim», Gandhi ein gewaltfreies politisches Handeln, Steve Jobs hatte sich zum Ziel gesetzt, die Computerwelt zu revolutionieren.

Tagträumen Sie also. Je häufiger Sie das tun, desto intensiver nimmt Ihr Ziel Gestalt an. Stellen Sie sich die Wunschsituation in vielen Farben, laut oder leise, mit allen dazugehörigen Gerüchen vor. Sie werden merken, wie sich Ihre innere Haltung allein durch dieses lebhafte Träumen ändern kann. Sie denken irgendwann anders über Ihr Ziel nach – kreativer. Es erscheint Ihnen dann auch nicht mehr so fremd. Ihr Geheimnis nimmt Gestalt an, und irgendwann fühlt es sich an, als wäre es gar nicht so schwer, es tatsächlich zu erreichen – wir fassen Mut, die im Geheimen gehegten Träume auch Wirklichkeit werden zu lassen.

In unseren Tagträumen können wir so lange alle Eventualitäten bedenken, Pro und Contra gegeneinander abwiegen und Pläne entwerfen, bis wir uns bereit fühlen, mit den Reaktionen unserer Mitmenschen umzugehen. Solange wir noch Angst haben, mit unserem Geheimnis an die Öffentlichkeit zu treten, können wir unser Geheimnis für uns behalten.

Wenn Churchill einem Wunder mit Spielkarten beiwohnt und dessen Lösung nicht kennt, passiert mit ihm das Gleiche wie meinem Sohn, wenn er um die Taufkiste in seinem Zimmer schleicht. Ich erlebte es, als Haruki Murakami mir in *Birthday Girl* den Wunsch des Mädchens nicht verrät. Und Ihnen widerfährt das, wenn ich auf der Bühne etwas verhülle und nicht preisgebe.

Sie stellen sich eine Frage. Sie klinken sich kurz aus, Ihre Gedanken kreisen um etwas völlig Neues. Sie beginnen zu träumen und zu phantasieren. Und Phantasie ist eine großartige Quelle für Kreativität.

Das konnten Psychologen an der University of Alabama bestätigen: Eine ausgeprägte Phantasie fördert auch andere geistige Fähigkeiten. Sie beobachteten 110 Kinder im Alter von drei bis fünf Jahren, die sie in zwei Gruppen unterteilten. Die erste Gruppe sollte täglich fünfzehn Minuten lang in einer Phantasiewelt unterwegs sein. Die meisten malten oder sangen, während sie in verschiedenste Welten abtauchten. Einige stellten sich vor, sie könnten fliegen, andere unternahmen die verrücktesten Reisen in ausgedachte Länder, trafen auf die merkwürdigsten Personen, mit denen sie Abenteuer erlebten. Bei der zweiten Gruppe blieb diese Viertelstunde Phantasie aus. Bereits nach fünf Wochen zeigte sich, dass die Jungen und Mädchen der ersten Gruppe bei kognitiven Aufgaben – also beim Wahrnehmen, Erinnern, Lernen – besser abschnitten als die der zweiten Gruppe, die keine Phantasieübungen gemacht hatten.

In unserem Bildungssystem kommt Phantasie oft zu kurz. Im Gegenteil, Schule mit ihren starren Lehrplänen und vorgegebenen Lösungswegen baut sogar Kreativitätsmauern auf. Der britische

Psychologe Ken Robinson, Professor und Vortragsredner, wies das mit einem «Büroklammertest» nach. Er hatte 1500 Menschen gebeten, auszuprobieren, was sie alles mit einer gewöhnlichen Büroklammer anstellen können. Im Durchschnitt hatten die Teilnehmer zehn bis fünfzehn Ideen. Sie verketteten die Klammern, bogen sie auf, um eine Figur daraus zu formen, benutzten sie als Kamm. Sehr kreative Menschen hatten bis zu 200 Einfälle. Und jetzt kommt der Clou: Mädchen und Jungen im Kindergartenalter, bei denen der Test ebenfalls durchgeführt wurde, hatten zu über 98 Prozent mehr als 200 Ideen.

Fünf Jahre später bat Robinson dieselben Kinder erneut, den Test mit den Büroklammern zu machen. Da hatten sie schon weitaus weniger Ideen – und weitere fünf Jahre später hatten diese Kinder, im Kindergarten noch kreative Genies, die durchschnittlichen zehn bis fünfzehn Einfälle. Mit der Studie bewies Robinson zwei Dinge nach. Erstens: Wir haben alle die Fähigkeit in uns, kreativ zu sein. Zweitens: Im Laufe unserer Schulbildung verkümmert das kreative Genie in uns. Genau genommen verkümmert nicht die Kreativität an sich, sondern das «divergente Denken», also die Fähigkeit, viele Antworten und Lösungen auf eine Frage zu finden und Fragen experimentierfreudig anzugehen. Michael Ende hatte diese Entwicklung in seinem Roman *Die unendliche Geschichte* eindrücklich beschrieben: Das Land Phantásien wird durch das «Nichts» zerstört.

In einer Studie der Vanderbilt University in Nashville von 2008 zeigte der australische Psychologe Joel Pearson, dass es schon ausreicht, sich etwas vorzustellen, um unsere visuelle Wahrnehmung zu beeinflussen. In einem Experiment mussten die Teilnehmer einfache Muster aus vertikalen und horizontalen Linien imaginieren. Anschließend wurde ihnen vor das eine Auge ein grünes und vor das andere Auge ein rotes Muster gehalten. Die Probanden gaben an, genau das Bild wahrgenommen zu haben, das sie sich zuvor vorgestellt hatten. Damit bestätigte Pearson, dass unsere Einbildung unsere Wahrnehmung bestimmt. Je länger sich die Studienteilnehmer die Muster im Vorfeld ausgemalt hatten, desto stärker wurde der Effekt.

Der Versuch zeigte also, dass das, was wir als äußere Realität wahrnehmen, maßgeblich von unserer inneren Wirklichkeit – also unserer Phantasie und Vorstellungskraft – beeinflusst wird. Das eine ist Spiegel des anderen. Unsere Phantasie beeinflusst unser Erleben, unsere Sinneseindrücke und unsere Gefühle. Wenn ich meiner jüngsten Tochter vor dem Schlafengehen aus einem Buch vorlese, taucht sie komplett in die Geschichte ein. Bei *Die Brüder Löwenherz* weint sie, beim *Superwurm* fiebert sie mit und bei *Ella in der Schule* lacht sie sich kaputt. Uns Erwachsenen geht es oft ähnlich. Wenn wir uns mit Dingen beschäftigen, die unsere Phantasie anregen, hat das meist auch Auswirkungen auf unsere Stimmung.

Phantasie bedeutet, dass wir die Realität aushebeln. Selbst im Erwachsenenalter kann man träumen und aus Bildern und Emotionen in unseren Köpfen neue Welten entstehen lassen. Wie bei Churchill reicht hier manchmal schon ein Kartenspiel in den Händen eines Könners.

Und da, wie Pearson bewiesen hat, unsere Phantasie und unsere reale Wahrnehmung nicht klar voneinander abzugrenzen sind, hilft ein mentales Abtauchen, um in der physischen Welt kreative Orientierung zu bekommen. Es gibt keine Grenzen. Unsere Phantasie hat einen überwältigenden Einfluss auf unser Leben. Und das Geheimnisvolle befeuert sie.

WAS WIR VON DEN GROSSEN ILLUSIONISTEN
LERNEN KÖNNEN

Schritt für Schritt nähern wir uns mehr der praktischen Seite von Geheimnissen – und damit den Grundlagen der Zauberkunst. Ricky Jay, ein außergewöhnlicher US-amerikanischer Magier, sagte einmal: «Das Besondere an der Zauberkunst ist der Umstand, dass sie von Natur aus ehrlich ist. Du sagst einer Person, dass du sie täuschen wirst, bevor du sie täuschst. In gewisser Hinsicht wird es dadurch schwieriger.»

Bei einer wirklich geheimnisvollen Zaubershow sitzt keiner übellaunig im Publikum. Alle, egal woher sie kommen, egal ob arm oder reich, egal welche Hautfarbe, egal wie schlau – alle sind in diesem Moment gleich. Sie staunen – damit wird für die Dauer der Show jeder Statusunterschied aufgehoben. Das ist die positive Kraft eines geschickt eingesetzten Geheimnisses und der daraus entstehenden Illusion. Schöner Schein.

Egal ob Sie beim nächsten Freunde-Abend einen Kartentrick vorführen oder Robert-Houdin mittels Illusionen einen Aufstand verhindert – richtig ausgeführt und zelebriert, hat dieses Ereignis eine langanhaltende Wirkung. In meinen Anfängen als Zauberkünstler erzählten mir Zuschauer mit großer Begeisterung eine Geschichte, die stets sehr ähnlich war, sich nur in den Aktionen variabel gestaltete: «Vor vielen Jahren habe ich mal einen Zauberer gesehen, das war unglaublich ...» Und dann ging es richtig los, mir wurde berichtet, wie Uhren vom Handgelenk geklaut oder Geldscheine verbrannt und wiederhergestellt wurden. Eines Abends wurde mir klar, dass man in ein paar Jahren womöglich solche Geschichten von mir erzählen würde. Vorausgesetzt, ich vermasselte es nicht. Darum fuchste ich mich immer weiter in die Materie ein, las alles, was mir in die Finger kam. Nicht nur über die Kunst der Illusion. Wie Robert-Houdin schon erklärt hatte: Zuschauer wollen keine funktionierenden Apparate sehen – obwohl, manche vielleicht schon … Sagen wir es lieber mal so: *Meine* Zuschauer wollen keine funktionierenden Apparate sehen. Also vertiefte ich mich in Körpersprache, Verhaltenspsychologie, Mentalstrategien, Hypnose, Schauspiel. Ich habe mich voll in die Kurve gelegt. Und wie das so ist im Leben: Je mehr man über etwas weiß, desto mehr wird einem klar, was man alles nicht weiß und dass buchstäblich *jedes* Thema spannend wird, sobald man sich richtig reinkniet.

Können Sie sich noch an das Gefühl tiefen Staunens erinnern? Diese Emotion, die so stark sein kann, dass sie einen regelrecht umhaut?

Kürzlich habe ich einer Teilnehmerin in einem meiner Tagesseminare über Mentalstrategien suggeriert, dass sie ihre Hände nicht mehr bewegen könne. Sie saß völlig geplättet vor mir, die Hände wie angeklebt auf dem Tisch. Nachdem ich die Suggestion wieder aufgehoben hatte, mussten wir eine kurze Pause machen, weil sie so tief berührt war, dass sie nichts mehr aufnehmen konnte. Sie sagte: «Ich dachte, das geht immer nur mit eingeweihten Zuschauern – und jetzt habe ich es selbst erlebt.» Und immer wieder dasselbe Wort: «Unfassbar!»

Zur Verabschiedung umarmte sie mich fest und dankte mir für das Erlebnis. Sie hatte gespürt, wozu ihr Unterbewusstsein in der Lage ist. Das Erlebnis war stark, weil sie es sich selbst nicht erklären konnte. Sie verstand: Da war etwas in ihren Gedanken, etwas mit großer Kraft und immensem Potenzial. Sie wusste aber nicht, woher es kam. Ich bin mir sicher, dass sie noch heute auf ihre Hände schaut und sich so in Erinnerung ruft, dass etwas möglich werden kann, das ihr bislang unmöglich erschienen war. Vielleicht hat es in ihr einen Denkprozess ausgelöst, hat sie diese

Erfahrung auch auf andere Lebensbereiche übertragen? Wenn ihr Unterbewusstsein zu so etwas fähig war – vielleicht konnte sie auch andere Dinge endlich tun, die sie sich vorher (aus welchen Gründen auch immer) nicht zugetraut hatte? Etwa ihrem Chef Widerspruch geben, ihrer nervötenden Mitarbeiterin endlich mal die Meinung sagen, im Sommerurlaub auf einem Surfbrett stehen. Auch hier sieht man – das Geheimnis hat zwei Seiten: das Geheimnis selbst und das Wissen um das Geheimnis. Das Nichtwissen zieht uns an. Das Verborgene zeigte seine Kraft.

Solche Reaktionen können auch Sie bei Ihren Mitmenschen hervorrufen. Nicht indem Sie deren Hände lähmen, sondern indem Sie die psychologischen Grundsätze der Illusion auf Ihr Leben anwenden. Egal ob beruflich oder privat. Es gibt fünf dieser Grundsätze. Jeder gute Zauberer wendet sie an, mancher bewusst, mancher unbewusst.

Die psychologischen Prinzipien der Illusion sind übrigens so alt wie die Menschheit selbst. Ich teile hiermit ein Wissen mit Ihnen, das schon immer genutzt wurde, um geheimnisvoll zu wirken, Menschen zu berühren und Staunen auszulösen. Und damit in Erinnerung zu bleiben. Die Meister der Zauberkunst befolgen diese Regeln, um Menschen mit dem Geheimnisvollen in ihren Bann zu ziehen.

Ich nutze diese Grundsätze nicht nur auf der Bühne, sondern praktisch permanent. Sie sind mir derart in Fleisch und Blut übergegangen, dass sie mich in jeder Situation begleiten. Als Schüler haben sie mir beim Spicken geholfen, und bei meinen Kindern helfen sie mir, wenn sie ihr Zimmer aufräumen sollen. Wenn Sie diese Grundsätze beherzigen, werden Sie in Zukunft Dinge sehen und erleben, von denen Sie bislang nichts geahnt haben. Sie werden anders auftreten, anders wirken und anders beobachten. Es ist nicht schwierig – Sie müssen nur denken wie ein Zauberer.

DIE FÜNF GRUNDSÄTZE DER ILLUSION

Wäre Robert-Houdin einfach so nach Algerien gereist, ohne einen Plan, er wäre wohl nicht zurückgekehrt. Ihm war völlig klar, dass er, als er den Auftrag der französischen Regierung annahm, ein großes Risiko eingehen würde. Aus diesem Grund hatte er zu Beginn seiner Reise schon genau im Kopf, was er den Menschen in Algerien alles zeigen würde, und das wiederum hatte er sehr gut geübt und von langer Hand vorbereitet. Als es dann so weit war, hat er ohne Umschweife behauptet, er könne es mit den größten Magiern des Landes aufnehmen. Er hat nicht lange erklärt, warum. Und er war jederzeit bereit für das Zusammentreffen mit dem großen Marabout. Heute würde er wahrscheinlich einen Management-Ratgeber über seine Vorgehensweise schreiben. Und das wären seine Regeln:

- No risk, no fun
- Am Anfang schon das Ende im Sinn haben
- Erklär dich nicht, sondern behaupte dich
- Üben und immer wieder üben
- Sei bereit

NO RISK, NO FUN

Jedes Geheimnis ist mit einem Risiko verbunden. Gibt es Verborgenes, besteht die Gefahr, dass es irgendwann offenbart wird – durch was oder wen auch immer. Es kann ans Tageslicht gelangen, und dann ist es kein Geheimnis mehr.

Geübte Illusionisten sind klar im Vorteil. Sie kennen sich aus, wenn es um das Bewahren von Geheimnissen geht. Viele Menschen haben ein schlechtes Gewissen, wenn sie etwas für sich behalten sollen; wir Zauberer aber haben so viel Erfahrung damit gesammelt, dass es uns nicht mehr plagt, wenn wir eine geheime Handlung ausführen. Wir haben unser Publikum schon so oft «hinters Licht geführt», dass es sich für uns völlig normal anfühlt – zumal wir ja keine bösen Absichten damit verfolgen.

In der Zauberkunst gibt es einen Trick, mit dem man üben kann, ein Geheimnis für sich zu behalten, indem man sich bewusst dem Risiko aussetzt, damit aufzufliegen. So kann man lernen, mit dem Risiko umzugehen und sich unauffällig zu verhalten, damit unsere Mitmenschen erst gar nicht auf die Idee kommen, wir würden etwas vor ihnen verbergen. Der New Yorker Zauberkünstler Steve Cohen schlägt in seinem Buch *Win the Crowd* vor, einen Tag lang eine Münze in der Hand versteckt zu halten. Aus eigener Erfahrung weiß ich, wie klasse dieser Tipp ist. Als Jugendlicher habe ich das ständig getan und dabei versucht, völlig normal zu wirken – ein Pokerface aufzusetzen. Es klappte nach einer Weile ziemlich gut. Es sah wirkte nicht so, als ob ich etwas in der Hand versteckt hielt, und auch mein Gesichtsausdruck war bald völlig entspannt.

Machen Sie einen Selbstversuch: Nehmen Sie eine 50-Cent-Münze und halten Sie diese in Ihrer Handfläche versteckt, indem Sie sie zwischen Mittel- und Ringfinger klemmen. Dieses unbemerkte Verbergen eines kleinen Gegenstands in der Innenfläche der Hand ist in der Zauberkunst so wichtig, dass es sogar einen Fachausdruck dafür gibt: Palmieren. Der Begriff leitet sich ab vom englischen Wort für Handfläche: *palm*. Ihr Spiel besteht jetzt darin, alle Tätigkeiten mit einer palmierten Münze in der Hand auszuführen: Telefonieren, Essen, Meetings ...

Sie fragen sich vielleicht, wozu das gut sein soll. Ganz einfach: So lernen Sie, ein kleines Geheimnis selbstsicher zu verbergen. Haben Sie das einen Tag lang durchgehalten, werden Sie wissen, wie schwierig es sein kann, selbst eine solche Kleinigkeit wie eine

Münze zu verstecken. Man bewegt zum Beispiel den Arm unnatürlich und lässt ihn starr nach unten hängen, anstatt ihn natürlich pendeln zu lassen. Oder man schaut – fast schon schuldbewusst – ständig auf die Hand mit dem verborgenen Gegenstand, nur um dann schnell wieder die Menschen in der Umgebung anzublicken.

Das Palmieren der Münze ist übrigens ein Paradebeispiel dafür, dass unsere Körpersprache unserer inneren Einstellung folgt. Die innere Haltung ist die äußere Handlung. Meine Mitmenschen waren sich damals natürlich nicht der Tatsache bewusst, dass ich heimlich einen Gegenstand versteckt hielt, doch sie merkten an meinem prüfenden Blick oder meinen unsicheren Gesten, dass ich etwas verberge. Bei einem Zaubertrick reicht das aus, um die Illusion zu zerstören. Die Zuschauer dürfen bei einem Zauberer nicht nur nichts bemerken – es geht noch einen Schritt weiter: Sie dürfen nicht einmal den Verdacht haben, dass in dem betreffenden Moment etwas heimlich passieren könnte.

Nach einigem Üben gelang mir das Palmieren schließlich ganz gut. Der Schlüssel lag in dem Vertrauen darauf, dass ich es kann. Schon nach ein paar Tagen konnte ich mich mit dem geheim gehaltenen Gegenstand normal bewegen und verhalten.

Diese Fertigkeit rettete mich einmal in einer misslichen Schulsituation. Für eine Mathearbeit hatte ich mir einen tollen Spickzettel gemacht, auf dem ich mir alle wichtigen Formeln notiert hatte. Der Spickzettel bestand aber nicht in einem Stück Papier – das hätte ich ja ständig in der Hand halten müssen –, stattdessen hatte ich die Formeln mit einem feinen Filzstift auf einen recht breiten silbernen Armreif geschrieben, den ich am linken Handgelenk trug. Die Beschriftung befand sich an der Unterseite des Arms, direkt unter der Handfläche. Drehte ich die Handfläche nach oben, konnte ich die Formeln lesen.

Es lief alles wie geschmiert, die Aufgaben konnte ich dank meines «Geheimnisses» gut lösen. Irgendwann stand allerdings mein Mathelehrer vor mir und sagte: «Thorsten, zeig mir doch mal deine Hände!» Er hatte bemerkt, dass ich zu oft meine linke Hand anschaute. Als Anfänger hätte ich jetzt alle Anzeichen von Stress gezeigt: Ich wäre bleich geworden, hätte geschwitzt und mich hektischer bewegt. Aber ich war ja nach dem Öffnen des Koffers meines Bruders Zauberkünstler geworden und hatte durch das Palmieren gelernt, mit Geheimnissen umzugehen. Unschuldig schaute ich meinem Lehrer in die Augen, winkelte die Arme leicht an, Ellbogen am Körper, sodass die Handflächen sehr gut sichtbar waren, einzig das entsprechende Handgelenk war ein wenig abgeknickt. Nach ein paar Sekunden drehte ich meine Hände. Auch leer.

Überrascht meinte der Lehrer: «Oh, entschuldige die Unterbrechung.»

«Ach, das macht nichts», winkte ich lässig ab. Wie nachsichtig ich doch war.

Dieses Erlebnis bestärkte meine Selbstsicherheit natürlich weiter, denn das Bewahren von Geheimnissen gibt Selbstbewusstsein. Aber es geht nicht nur ums Bewahren. Wenn wir uns bewusst auf das gewünschte Ergebnis konzentrieren, bekommen wir genau diese Selbstsicherheit, die uns im Leben weiterbringt. In diesem Fall funktionierte es, weil ich mich in meinen Gedanken auf mein gewünschtes Ergebnis konzentriert hatte. Andernfalls hätte ich nicht so cool auf den Verdacht meines Lehrers reagieren können.

Was aber wäre passiert, hätte mich mein Mathelehrer doch erwischt? Nun, ich hätte einfach Pech gehabt. Das gehört dazu, wenn man sich auf solche Geheimnisse einlässt. Ich denke aber, dass wir in einem gewissen und nicht unerheblichen Maß beeinflussen können, wie viel Pech wir letztlich haben. Natürlich können wir nicht bestimmen, was uns alles zustößt. Wir können aber festlegen, wie wir mit einer Situation umgehen – ganz bewusst.

Wie aber können wir wiederum zu mehr Bewusstheit gelangen, sodass wir innovativer, inspirierender, eventuell auch ein wenig risikofreudiger und im letzten Schritt sogar entspannter werden? Ein paar Tage lang mit einer versteckten Münze herumzulaufen ist sicherlich ein guter Start. Aber der Weg ist damit noch längst nicht zu Ende, Sie können noch mehr von der Zauberkunst profitieren – und zwar mit dem folgenden Trick: Er nennt sich «Münzladung» und kommt zum Einsatz, sobald Sie die 50-Cent-Münze über einen längeren Zeitraum unentdeckt in Ihrer Hand verstecken können.

Dieses Mal gehen Sie ein erheblicheres Risiko ein, bei einer geheimen Handlung erwischt zu werden, denn die zweite Übung besteht darin, die in Ihrer Hand verborgene Münze einer anderen Person in die Tasche zu stecken, ohne dass sie es bemerkt. Sie brauchen kein schlechtes Gewissen zu haben, denn Sie nehmen dem anderen nichts weg, Sie bereichern ihn sogar. Für den geheimen Ladevorgang selbst gibt es noch einiges zu beachten. Unbedingt sollten Sie sich die Hemd-, Hosen-, Sakko- und Jackentaschen Ihrer Mitmenschen von nun an ganz genau anschauen. Sie werden Unterschiede wahrnehmen: Einige Taschen lassen sich leicht öffnen, weil sie schon so verlockend ausgebeult sind, während andere schwer zu erreichen sind, da sie von Armen verdeckt werden oder sehr enge Öffnungen haben. Lassen Sie auf jeden Fall die Finger von Jeans – sie sitzen viel zu eng am Körper.

Haben Sie eine passende Tasche entdeckt, geht es los. Angenommen, Sie umarmen einen Freund zur Begrüßung, dann streichen Sie mit Ihrer Hand kurz über die Sakkotasche Ihres Gegenübers und lassen die Münze an geeigneter Stelle hineinfallen. Ich habe das oft geübt, um mich später daran zu wagen, meinen

Zuschauern die Uhren vom Handgelenk zu klauen (nach reichlicher Übung war auch das schließlich kein Problem mehr). Selbstverständlich bin ich auch erwischt worden – vor allem am Anfang. Zu meiner Verteidigung sagte ich dann: «Ich übe gerade an einem Zaubertrick.» Mir wurde immer verziehen.

Ihr Gewinn bei der Münzladung: Die Übung lässt Sie risikofreudiger werden. Und wer weiß? Vielleicht gelingt es Ihnen dadurch, diese Risikofreude auch auf andere Lebensbereiche zu übertragen? Denn eine gewisse Lust am Wagnis ist die beste Voraussetzung, um neue Dinge anzupacken, egal was es ist.

Und Sie werden auf diese Weise lernen, wie man mit kleinen Geheimnissen durch den Alltag gehen kann. Sie haben einen Fleck auf dem Hemd und müssen trotzdem eine Präsentation vor Kunden halten? Statt den Fleck zu betonen, indem Sie sich dafür entschuldigen und somit auf ihn aufmerksam machen, ziehen Sie einfach Ihr Sakko an oder legen sich einen Schal über die Bluse und reden ganz selbstbewusst, als ob nichts wäre. Ich gebe zu, das klingt banal – aber es fällt uns trotzdem schwer, weil wir in Gedanken die ganze Zeit bei dem Fleck sind. Reden Sie einfach nicht darüber und denken Sie an etwas anderes. Beobachten Sie Ihr Gegenüber, achten Sie auf das, was Sie sagen – alles, was Sie den Fleck vergessen lässt, ist gut. Ich habe einmal kurz vor einem Auftritt eine Kontaktlinse verloren und konnte deshalb nur mit einer auftreten. Aufgrund meiner Erfahrung mit dem Verbergen kleiner Geheimnisse hat keiner der Zuschauer etwas bemerkt – ich wurde, ganz im Gegenteil, sogar für meinen durchdringenden Blick gelobt.

Also, schnappen Sie sich eine Rolle 50-Cent-Münzen, und legen Sie los. No risk – no fun.

Wenn Sie ein Geheimnis haben und es für sich behalten wollen, seien Sie sich darüber im Klaren, welches Ziel Sie damit verbinden. Hören Sie nicht zu früh auf zu denken – denken Sie bis zum Ende. Und das am besten von Anfang an. Denn wenn wir von Beginn an das gewünschte Ende im Sinn haben, ändert sich unser Fokus. Wir können aus allen uns bekannten Möglichkeiten genau die auswählen, die uns dem gewünschten Ziel wahrscheinlich am ehesten näherbringt.

Robert-Houdin wusste, dass er irgendwann auf den großen Marabout treffen und es dann wohl zum Duell kommen wird. Er dachte schon vor seiner Abreise daran, alles entsprechend vorzubereiten. Er hatte schon am Anfang das Ende im Sinn. Und von diesem Ende aus hat er seine Reise geplant. Das können wir von ihm lernen.

Die Strategie, von hinten nach vorne zu denken, mache auch ich mir zunutze. Deshalb lautet der Grundsatz bei der Konzeption meiner Abendprogramme: Ich weiß genau, wo ich hinwill. Ich beginne beim Schreiben mit dem Finale und schreibe rückwärts zum Anfang. In meinem Denken bin ich dann absolut frei. Das Schöne ist, dass das Denken dadurch jedoch eine bestimmte Richtung bekommt. Alles, was ich mir ausdenke, ist möglich, ich weiß bei manchen Dingen nur noch nicht, wie ich sie umsetzen soll. Aber das Ende steht schon am Anfang fest.

Noch ein weiterer Punkt ist hier wichtig: Das Ende ist natürlich erfolgreich. Nur dann ergibt dieser Grundsatz Sinn. Sobald Robert-Houdin das Schiff nach Algerien betreten hatte, zweifelte er nicht mehr an seinem Erfolg, sondern konzentrierte sich auf ihn.

Stehe ich auf der Bühne, weiß ich hundertprozentig, dass

meine Nummern funktionieren. Ich habe sie so oft geübt, dass ich im richtigen Moment genügend Selbstvertrauen habe. Und wenn Plan A nicht klappt, weil ein Zuschauer sich anders verhält als gedacht oder ich ein Requisit aus irgendeinem Grund fallen lasse, gehe ich zu Plan B über. Oder Plan C. Stets überlege ich mir Alternativen, wie ein Trick enden kann – und da meine Zuschauer nicht wissen, was eigentlich geplant war, komme ich damit fast immer unbemerkt an mein Ziel. Der Punkt ist: Ich habe viele Ziele. Und welches Ziel ich im Verlauf einer Nummer ansteure, verrate ich nicht – sonst kann ich es ja bei Bedarf nicht ändern. Das halte ich also auch geheim.

Ich liebe diese kleinen Geheimnisse. Das Verstecken und heimliche Verschenken einer Münze sollte Sie dazu gebracht haben, souveräner mit ungewöhnlichen Situationen umgehen und ein Geheimnis verbergen zu können. Nutzen Sie dieses Selbstvertrauen insbesondere, wenn ein ungeplantes Ereignis eintritt: Bei einer meiner Shows platzte während der Vorführung ein Scheinwerfer. Es war ein unbeschreiblich lauter Knall. Glücklicherweise war der Zeitpunkt perfekt. Ich hatte die letzte Nummer der ersten Hälfte beendet und wollte gerade die Pause einleiten. In dem Moment flogen die Scherben auf die Bühne. Ich nahm sie zur Kenntnis, kommentierte das Geschehen aber nicht, sondern verbeugte mich nur. Am Ende hatten einige der Zuschauer geglaubt, der geplatzte Scheinwerfer sei Teil der Darbietung gewesen! Hätte ich mich entschuldigen sollen? Nein! Niemals!

Wenn Sie vor einer Gruppe stehen und etwas präsentieren, sollten Sie sich nicht entschuldigen, falls etwas nicht wie geplant läuft. Die meisten kennen den genauen Inhalt Ihrer Präsentation nicht. Machen Sie es wie die großen Zauberkünstler: Halten Sie mehrere Optionen bereit! Und erzählen Sie niemandem davon. Sie sind die einzige Person, die Bescheid weiß! Warum soll ich mich für eine

Panne entschuldigen, die überhaupt nicht als solche erkannt wird? Unter Zauberern gibt es ein Sprichwort: «Renn nicht weg, wenn du nicht gejagt wirst.» Das ist Freiheit. Weglaufen ihr Gegenteil. Nochmals: Dass Sie mehrere Optionen in der Hinterhand haben, ist Ihr Geheimnis. Das verraten Sie selbstverständlich nicht.

Immer wieder werde ich gefragt, wie man erfolgreich Gehaltsverhandlungen oder Vorstellungsgespräche führt. Gibt es da ein Geheimnis? Der Schlüssel dazu liegt in unserem Kopf. Sie können das Umfeld eines Gesprächs bei einer Vorstellung oder einer Gehaltsverhandlung kaum beeinflussen. Worüber Sie aber Kontrolle haben, das sind Ihre Gedanken. Spielen Sie in Gedanken das Gespräch wiederholt durch und geben Sie auf die darin womöglich gestellten Fragen stets neue und andere Antworten. Genau wie ein Zauberer haben Sie mehrere Optionen parat, und in der Situation entscheiden Sie selbst, welchen Weg Sie einschlagen wollen. Das gibt Ihnen eine ungeahnte Flexibilität. Starten Sie Ihr Gespräch mit der Erwartungshaltung, dass es erfolgreich verlaufen wird. Dadurch bekommen Sie eine völlig andere Ausstrahlung und wirken präsent.

Wenn Sie befürchten, Ihnen könnte vielleicht nicht die richtige Antwort einfallen, nehmen Sie sich vorher die Zeit und schreiben alle Antworten auf, die Sie in Ihrem imaginierten Dialog gegeben haben. Das wird Sie in Ihrem Selbstbewusstsein stärken. Denn wenn Sie etwas aufschreiben, passieren mehrere Dinge automatisch: Die Gedanken verankern sich besser in Ihrem Kopf, Sie haben Ihre Gedanken sortiert und in Form gebracht und Sie haben, falls Sie wirklich ins Straucheln geraten sollten, Ihre Notizen griffbereit, um einen kurzen Blick darauf werfen zu können.

Um flexibel reagieren zu können, brauchen wir Vorbereitung. Die Kunst der Improvisation ist oft von langer Hand geplant. Die Zauberkunst ist ein Spiel, bei dem der Zauberkünstler seinem Publikum meist so weit voraus ist, dass es noch gar nicht bemerkt hat, dass das Spiel bereits angefangen hat.

Seien Sie stets einen Schritt voraus. Denken Sie vor, während andere vielleicht noch nachdenken. Haben Sie am Anfang schon das Ende im Sinn.

ERKLÄR DICH NICHT, SONDERN BEHAUPTE DICH

Zauberkünstler besitzen keine übernatürlichen Kräfte. Sie alle greifen auf Tricks zurück. Auch ich habe nie gesagt, dass ich Gedanken lesen kann. Ich ziehe es vor, den Menschen wortlos zu suggerieren, dass ich es könnte. Ich lege einfach los, ohne lange Erklärungen, und sage den Zuschauern auf den Kopf zu, was sie gerade denken. Dadurch passiert etwas Wunderbares: Ich bringe mein Publikum für die Dauer der Vorstellung dazu, selbst zu glauben, dass es da «mehr» geben muss. Dass ich ein Geheimnis habe. Auch hier: Das Publikum spürt, es gibt ein Geheimnis, ein gutes Geheimnis – das ich aber nicht verrate.

Grundsätzlich glauben Menschen ihren eigenen Vorstellungen mehr als denen anderer. Das trifft auch bei Ihnen zu. Wenn Sie eine Sache erklären, dann steht sie zur Debatte. Ihr Gegenüber hört sich Ihre Argumente an und denkt darüber nach, wertet, kann Ihnen zustimmen oder auch nicht. Wenn Sie aber etwas unausgesprochen durch Ihre Haltung, Ihr Verhalten behaupten, kommen die anderen zu einer Schlussfolgerung ganz ohne Diskussion.

Hierbei geht es nicht um das, was Sie sagen, sondern *wie* Sie es sagen und was Sie dabei tun. Im Showbusiness gibt es den Grundsatz «Show – don't tell». Wenn Sie den anderen erreichen möchten, dann sagen Sie nicht einfach, was Sie wollen, sondern zeigen Sie es – das kann auch durch Ihre Körpersprache und Ihre Betonung geschehen. Und natürlich durch die richtige Wortwahl. Wenn Sie jemanden überzeugen wollen, sagen Sie nicht einfach nur Ihr Argument, sondern nicken Sie auch noch dabei.

Wenn Sie bei etwas nicht zustimmen, sagen Sie nicht einfach nur nein, sondern schütteln dabei auch fast unmerklich den Kopf. Kreieren Sie Bilder durch das, was Sie tun (Nicken oder Kopfschütteln). Und durch das, was Sie sagen. Wenn ich möchte, dass meine Zuschauer ihre Hände nicht mehr auseinanderfalten können, dann funktioniert diese Suggestion nur, wenn ich sie dazu bringe, das Bild der gefalteten Hände in ihren Köpfen entstehen zu lassen. Es reicht nicht, schlicht zu sagen: «Du kannst deine Hände nicht mehr auseinanderfalten.» Nein, ich muss dafür sorgen, dass sie sich voll auf das Bild konzentrieren und sich vorstellen, ihre Hände sind fest verschlossen, fest wie Stein, wie Beton, wie Stahl. Ich erkläre: «Je mehr Sie versuchen, die Hände voneinander zu lösen, desto fester ziehen sich Ihre Finger zusammen.»

Sehen Sie den Unterschied? Wenn ich diese gesprochenen Bilder auch noch richtig betone, voller Selbstbewusstsein ausspreche und bei der Suggestion fast unmerklich nicke, dann sage ich nicht nur, was als Nächstes passieren soll, sondern ich behaupte unausgesprochen, dass es bereits eingetroffen ist. Das ist ein sehr mächtiges Hilfsmittel.

Ich gebe Ihnen ein zweites Beispiel: Ich möchte, dass mein Sohn seine Hausaufgaben macht. Ich kann natürlich sagen: «Mach deine Hausaufgaben.» Wenn ich sehr viel Glück habe, tut er das dann auch. Gewöhnlich bleiben diese Worte jedoch folgenlos. Wenn ich jedoch sage: «Wie bald wirst du deine Hausaufgaben denn machen?», erhöhe ich meine Chancen erheblich. Ich habe nämlich behauptet, dass er sie bald machen wird. Die Gedanken meines Sohnes kreisen dadurch weniger um die Hausaufgaben, sondern mehr um den Zeitpunkt. Sobald er dann einen Zeitpunkt genannt hat, geschieht bei ihm etwas. Er hat sich nämlich mündlich festgelegt – und aus dieser Nummer kommen wir nicht mehr so leicht raus. Glauben Sie mir, diese Methode ist teuflisch gut. Die Satzstruktur setzt unausgesprochen voraus, dass das, was im zweiten Satzteil folgt, eintreffen wird. Wenn Sie Ihre Aussage so formulieren, entsteht zwangsläufig das Bild, dass es so eintreten wird. Es geht weniger um Ihre Bitte als vielmehr um den Zeitpunkt. Wie beeindruckt werden Sie sein, wenn Sie das ausprobieren? Wie gut werden Sie sich fühlen, wenn es Ihnen gelingt? Wie bald werden Sie diese neue Methode für sich nutzen?

Das Geheimnis ist auch hier das Unausgesprochene, das Verborgene, das, was Sie *nicht* sagen. Wie wir inzwischen wissen, zieht uns genau dies an. Darauf ist unser Fokus gerichtet. Wenn Sie alles richtig gemacht haben, kommt Ihr Gegenüber also von selbst auf Ihre zurückgehaltene Schlussfolgerung. Vorausgesetzt, Sie hatten am Anfang schon das Ende im Sinn und Ihr Plan ging auf. Also, erklären Sie sich nicht, sondern behaupten Sie sich.

Am einfachsten behaupten Sie sich durch das, was Sie tun. Auch hier: show – don't tell. Wollen Sie selbstbewusst rüberkommen, erzählen Sie nicht, dass Sie selbstbewusst sind, sondern seien Sie es. In der US-Fernsehserie *Game of Thrones* sagt der Lord und Feldherr Tywin Lannister: «Ein Mann, der sagen muss, ‹Ich bin der König›, ist kein richtiger König.» So ist es. Wir sind nicht das, was wir anderen über uns mitteilen, wir sind das, was wir tun und dadurch unausgesprochen über uns aussagen.

Eine der effektivsten Möglichkeiten, nicht mehr so viel zu erklären, sondern sich unausgesprochen zu behaupten, liegt in unserem Fokus. Wenn ich möchte, dass mein Gegenüber etwas wahrnimmt, beginne ich damit, mich selbst gedanklich voll und ganz darauf zu konzentrieren.

Es gibt immer wieder Menschen, die der Meinung sind, ich könne wirklich zaubern oder allein durch Beobachten herausfinden, an welches Land oder an welche Person einer meiner Zuschauer gerade denkt. Warum tun sie das? Weil ich im Moment der Vorführung alles Erdenkliche unternehme, um diese Illusion aufrechtzuerhalten. Ich konzentriere mich auf das, was hierzu wichtig ist. Wenn ich eine Münze versteckt halte, mache ich das mit größter Bewusstheit. Einige Fachbücher über Zauberkunst schlagen vor, der Künstler solle die versteckte Münze in seiner Hand schlichtweg vergessen, um die Hand auf diese Weise ganz natürlich zu bewegen. Doch bin ich mir der Münze nicht mehr bewusst, kann es gut sein, dass ich meine Hand plötzlich so halte, dass die einst geheime Münze für jeden sichtbar und damit entdeckt wird. Daher halte ich von diesem Tipp nichts. Vielmehr sollten wir uns des kleinen Geheimnisses durchaus bewusst sein und es niemals vergessen – aber wir sollten uns nicht auf die «geheime» Hand konzentrieren, sondern darauf, trotz der versteckten Münze normal zu agieren.

Als ich von meinem Mathelehrer beinahe beim Spicken erwischt wurde, hatte ich mich ganz bewusst *nicht* auf meinen beschriebenen, verräterischen Armreif fokussiert, sondern auf meine unschuldigen Handflächen. Wenn ich mich in einem solchen Augenblick auf meine Handflächen konzentriere, kann ich davon ausgehen, dass mein Lehrer das höchstwahrscheinlich auch macht! Ich habe nicht erklärt, dass ich nicht spicke – ich habe es unausgesprochen behauptet! Und damit mein Geheimnis gehütet.

Diese Methode lässt sich auf viele Bereiche anwenden. Sie ist besonders wichtig, um selbstgesteckte Ziele zu erreichen. Wovon hängt Erfolg ab? Abgesehen vom richtigen Zeitpunkt, den handelnden Personen und einer Prise Glück, ganz erheblich von Ihnen und Ihrer Einstellung. Ihre Einstellung können Sie kontrollieren. Sie können sich motivieren und Ihre Aufmerksamkeit auf das lenken und richten, was Sie Ihrem Ziel näherbringt, und nicht auf das, was Ihnen im Weg steht. Sie sollten sich bewusst sein, dass es Hindernisse gibt, auch, welche das sein könnten. Aber Sie sollten sich nicht auf diese Hindernisse konzentrieren. Die falsche Aufmerksamkeit ist das Hindernis derer, die zu jeder Lösung ein passendes Problem finden.

Es gibt vier Dinge, mit denen wir uns nicht befassen sollten, wenn wir einen Plan in die Tat umsetzen möchten: Angst, Zweifel, Stress und Unzufriedenheit. Wir sollten uns nur auf das konzentrieren, was uns näher zum Plan bringt. Und sei es das Unmögliche. Frei nach der Science-Fiction-Legende Arthur C. Clarke: «Der einzige Weg, die Grenzen des Möglichen zu finden, ist, ein klein wenig über diese hinaus in das Unmögliche vorzustoßen.» So hat es Robert-Houdin gemacht. Er hat sich behauptet. Und das können Sie auch.

ÜBEN UND IMMER WIEDER ÜBEN

Etwas zurückzuhalten und zu verbergen verlangt Übung. Das gilt besonders für Geheimnisse. Da gibt es nur eins: Wenn Sie geheimnisvoll wirken möchten, eine verborgene Seite schützen wollen, müssen Sie das üben. Oder denken Sie, Robert-Houdin hat den Kugelfang in Algerien einfach mal so aus dem Hut gezaubert?

Vielleicht denken Sie jetzt: Moment mal, einen Trick zu üben und ein immaterielles Geheimnis zu wahren ist nicht dasselbe. Doch, ist es. Das Geheimnis ist immer immateriell. Der Trick selbst vielleicht nicht – das Geheimnis, ihn zu wahren, jedoch immer.

Eine meiner ersten größeren Demonstrationen war der «Chicagoer Billardballtrick», bei ihm erscheinen wie aus dem Nichts nacheinander Kugeln zwischen den Fingern. Ich habe ihn zum ersten Mal in André Hellers «Traumtheater Salomé» gesehen. Zusammen mit meinem Bruder besuchte ich während der Vorweihnachtszeit in Saarbrücken die Show. Das muss 1985 gewesen sein. Und es war wirklich magisch. Es wurden unglaubliche Kunststücke aufgeführt. Doch dann betrat ein Zauberkünstler die Bühne, der sofort meine ganze Aufmerksamkeit auf sich zog. Ohne ein Wort zu sprechen, verkettete er Metallringe und formte aus den Ketten verschiedene Figuren. Danach materialisierten sich besagte Kugeln zwischen seinen Fingerspitzen, um sich anschließend in Luft aufzulösen. Zum Abschluss seines Auftritts ließ er es aus seinen Händen schneien.

Die letzte Nummer ist heute ein wenig überstrapaziert, ich habe fast den Eindruck, es ist etwas Besonderes, wenn ein Zauberer sie *nicht* zeigt. Damals war das noch anders. Ich hatte diese Nummern bis dahin noch nie in dieser Eleganz gesehen. Sie berührten mich. Und ich erinnere mich noch heute an den Auftritt des Zauberers, weil er seine Sache in absoluter Perfektion dargeboten hat. Er hatte es geschafft, schwierigste Aktionen leicht und spielerisch aussehen zu lassen. Ich weiß nicht, wie lange dieser Zauberkünstler für diesen Trick geübt hat, doch ich bin mir sicher, das war der Schlüssel zu seiner Perfektion.

Das größte Geheimnis ist also – Übung.

Warum finden wir Filmcharaktere wie James Bond so cool? Weil bei denen vieles so gekonnt aussieht. Wir sehen Bond beim Kämpfen, aber nie beim Üben im Boxring. Wir sehen Bond, wie er einen Hubschrauber fliegt, aber nicht, wie er für die theoretische Flugprüfung büffelt. Wir sehen seine Muskeln, aber wir sehen nicht, wie er Liegestütze macht bis zur Erschöpfung. Das Ergebnis ist sichtbar, der Weg verborgen. Wir können nur ahnen, was er so alles machen musste, um an sein Ziel zu kommen. Schon Laotse sagte: «Das Sichtbare macht die Form eines Werks aus, das Unsichtbare seinen Wert.»

Üben Sie! Üben Sie so lange, bis nur zu sehen ist, wovon Sie wollen, dass es sichtbar ist. Ich habe mal einen Trick vorgeführt, bei dem eine gezogene und vom Zuschauer unterschriebene Spielkarte aus dem Kartenspiel verschwindet und dann zusammengefaltet in einer Dose «Fisherman's Friend» wiederauftaucht, die die ganze Zeit schon auf dem Tisch lag. Teil des Tricks war es, die Karte vor den Augen der Zuschauer aus dem Kartenspiel zu nehmen und sie dann fein säuberlich zu falten. Ich musste einfach so lange üben, bis das für meine Zuschauer unsichtbar war. Und das bei Zuschauern, die direkt vor mir am Tisch sitzen. Mit viel Übung geht sogar das. Comedians machen nichts anderes. Sie üben ihre Jokes so lange ein, bis sie sitzen. Und dann probieren sie die Nummern vor Publikum. Sie üben. Der Großmeister der Comedy, Jerry Seinfeld, sagte einmal: «It's all trial and error.» Das Publikum zeigt einem dann schon, was es mag und was nicht. Das mache einen solchen Abend zu einem ausgesprochen demokratischen Prozess, so Seinfeld.

Das Unsichtbare ist der Wert dahinter. Der ist aber nur spannend, wenn er unsichtbar bleibt! Ich spreche hier aus Erfahrung. Ich übe monatelang an einem Kunstgriff, damit er nicht wahrgenommen wird. Ein Geheimnis zu wahren verlangt einiges von uns, unter anderem viel Übung. Und sehr oft ist das viele Üben auch das Geheimnis selbst.

SEI BEREIT

Als Robert-Houdin in Algerien vom Marabout herausgefordert wurde, nahm er das Duell an. Insgeheim hatte er genau das gewollt. Er war darauf vorbereitet. Er hatte nur darauf gewartet.

In einem Satz: Er war bereit.

Zauberkünstler sind regelrecht davon besessen, jederzeit loslegen zu können. Sie werden kaum einen treffen, der Ihnen keinen Trick zeigt, wenn Sie ihn darum bitten. Manche führen auch gleich fünfzehn vor, obwohl Sie nur um einen gebeten haben. Egal wann und egal wo. Dazu eine meiner Lieblingsgeschichten, die der Zauberkünstler Ricky Jay erlebt hat. Es geht hierbei um einen Trick, bei dem Jay zwei Ein-Dollar-Scheine zusammenrollt und sie als eine Zwei-Dollar-Note wieder aufrollt. Diesen Trick zeigte er einem Freund und verblüffte ihn damit über alle Maßen. Später schlich sich besagter Freund in Jays Künstlergarderobe, um ihn zu testen. Würde dieser gerade duschen, so hatte sich der Freund gedacht, würde er ihn herausfordern, den Trick noch einmal zu zeigen. Er vermutete, dass Jay das nackt nicht könne und die Bitte zurückweisen würde. Der Freund wartete also vor der Garderobe, um im richtigen Augenblick reinzuplatzen. Jay, splitternackt und tropfnass, nahm die beiden Dollarnoten des Freundes an sich, verwandelte sie gleichmütig und lächelnd in einen Zwei-Dollar-Schein, trocknete sich ab, zog sich an und verließ die Garderobe (wahrscheinlich in Richtung Bühne).

Jay war ein Ausnahmekünstler. Er vereinte Perfektion, Leidenschaft und Talent in einem Ausmaß, das seinesgleichen sucht. Solche Menschen beeindrucken andere aber nicht nur, weil sie technisch brillant sind, sondern auch, weil sie in jeder Situation bereit sind loszulegen. Jays Geschichte hätte keine Pointe gehabt, wenn er sich geweigert hätte, dem Wunsch seines Freundes nachzukommen. Doch er konnte jederzeit loslegen. Dieses Wissen behielt er aber für sich. Er verschwieg es, hielt es verborgen, ließ den anderen im Dunkeln. Sein Geheimnis war: Er war bereit. Seien Sie es auch.

Die fünf Prinzipien der Illusion helfen, kleinere Geheimnisse zu bewahren – die Fähigkeiten, die es dazu braucht, können wir auch für andere Lebensbereiche nutzen.

Wir sollten allerdings nicht zulassen, dass Geheimnisse zu einer Obsession werden oder anfangen, uns zu bestimmen (vor allem dann nicht, wenn es belastende Geheimnisse sind). Dazu die Psychoanalytikerin Gail Saltz: «Wenn wir unsere Geheimnisse kontrollieren können und sicherstellen, dass sie nur das tun, was wir von ihnen wollen, dann kann das Leben mit ihnen tatsächlich einfacher werden.»

EXKURS 1: DAVID COPPERFIELD TRIFFT JAMES BOND – GEHEIMDIENSTE UND ZAUBERKUNST

Geheime Informationen zu beschaffen und unbemerkt weiterzugeben ist seit jeher Teil der Zauberkunst – und auch ein wesentlicher Bestandteil internationaler Politik. Ich habe ein Faible für Autoren wie John le Carré oder Frederick Forsyth. Ihre Geschichten handeln von intelligenten Spionen und Geheimdiensten, von Verrat und Intrigen, von Abgründen und Macht. Anders gesagt: Sie beleuchten jede Facette eines Geheimnisses.

Le Carré und Forsyth arbeiteten beide einst für britische Geheim- und Nachrichtendienste, bevor sie mit dem Schreiben begannen. All ihre Romane liebe ich. Eine der besten Spionagegeschichten las ich jedoch zu meiner großen Überraschung nicht bei diesen zwei Autoren, sondern in einem Buch über Zauberei.

Der Zweite Weltkrieg wütete. Im von Hitler besetzten Teil von Frankreich entwickelte sich Widerstand gegen die deutschen Besatzer. Als die Gestapo die meisten Verstecke zur Weitergabe von Informationen aufgespürt hatte und über Radios ausgestrahlte Geheimcodes entschlüsseln konnte, wurde die Résistance immer findiger. Das mussten die Mitglieder der Widerstandsbewegungen auch, denn flog man auf, bezahlte man das mit seinem Leben.

Ein Mann jedoch wurde nie enttarnt, obwohl er mehr Informationen weitergab als viele andere. Lange behielt er sein Tun jedoch für sich. Erst kurz vor seinem Tod in den neunziger Jahren deckte er sein Geheimnis in einem Buch auf. Es ist ein sehr selten zu findendes Buch, und wie es heißt, möchte ich nicht sagen. Es ist geheim ...

Der Mann hatte während der Besatzung angefangen, sich als Kunstmaler zu betätigen. Gar nicht einmal wegen seines Talents, das hatte er erst beim Malen entdeckt – er begann vielmehr mit dieser Tätigkeit, weil er damit versteckte Botschaften überbringen konnte. Die Codes waren aber nicht in den Bildern selbst versteckt, der «Maler» gab seine Geheimnisse auf viel intelligentere Weise an seine Verbindungsleute weiter. Während er in seinem Atelier malte, verfolgte ein anderer Agent der Résistance den Prozess, indem er jeden Pinselstrich fotografierte.

Wäre einer der beiden Männer entdeckt worden, so hätte man keinem von ihnen etwas nachweisen können – dazu fehlte das Wissen um das Geheimnis des Codes: Die Leinwand des Malers war in imaginäre Quadrate aufgeteilt. Jedes dieser Quadrate war einer Zahl oder einem Buchstaben zugeordnet. Nach dem Entwickeln der Filme mussten die einzelnen Fotos daher unter eine entsprechende Schablone gelegt werden. Erst dann gab das Bild sein Geheimnis preis: hier ein roter Punkt und dort ein gelber Strich – ein farbgewordener Morsecode. Das System war genial.

Die Bilder müssen auch aus künstlerischer Sicht recht schön gewesen sein. Ein Agent, der in Frankreich für die deutsche Spionageabwehr arbeitete, kaufte dem Künstler eines seiner Werke ab und hängte es in seinem Büro über dem Schreibtisch auf.

Was diese Episode zeigt: Zwischen Agenten und Zauberkünstlern gibt es durchaus viele Parallelen. Beide beschäftigen sich mit Geheimnissen. Allerdings mit völlig unterschiedlichen Zielen.

Spione wollten ihre Feinde auskundschaften und sich dadurch einen Vorteil verschaffen. Im besten Fall. Im schlimmsten Fall wollen sie sie töten. Zauberer wollen unterhalten. Im besten Fall. Im schlimmsten Fall langweilen sie zu Tode.

Die Schnittmenge zwischen Geheimdienstlern und Zauberkünstlern ist jedenfalls existent. Beide verbergen etwas – und haben damit ein Geheimnis. Bei Zauberern und Agenten ist nichts, wie es scheint. Beide arbeiten mit Tricks, um ihre Geheimnisse für sich zu behalten, und im Fall der Agenten sogar, um gar nicht erst öffentlich werden zu lassen, dass es Geheimnisse gibt. Ein Unterschied liegt also darin, dass beim Geheimdienst beide Seiten des Geheimnisses verborgen bleiben müssen. Sowohl die Tatsache, dass es ein Geheimnis gibt, als auch das geheime Wissen selbst. Der Zauberkünstler dagegen zeigt, dass er ein Geheimnis hat, er verrät uns nur nicht, worin es besteht. Das ist schon ein wesentlicher Unterschied.

Dennoch ist es naheliegend, dass beide es mal miteinander versuchen. David Copperfield trifft James Bond. Eine Geschichte aus diesem Milieu kennen wir ja schon, die von Robert-Houdin. Aber auch der zuvor erwähnte Zauberer Nevil Maskelyne war als Berater für den britischen Geheimdienst tätig. Im Zweiten Weltkrieg dann sein Sohn, Jasper Maskelyne. Er gründete 1941 die Magic Gang, deren Aufgabe darin bestand, in Nordafrika Panzer als gewöhnliche Lkw zu tarnen, Pseudo-Armeen aufzustellen oder gar Alexandria, Angriffsziel deutscher Flugzeuge, als Attrappe in einer anderen Bucht nachzubauen, einschließlich Leuchtturm und allen anderen Erkennungsmerkmalen.

Zu den ungewöhnlichsten Geschichten gehört jedoch die Zusammenarbeit der CIA mit dem US-amerikanischen Zauberkünstler John Mulholland. Mulholland sollte der CIA helfen, Täuschungsmanöver für Agenten zu entwickeln, mit dem Ziel, dem

Gegner Drogen oder Gift zu verabreichen. Mulholland war als Wahl ideal. Seine besondere Stärke lag in der Close-up-Magie, bei der der Zauberkünstler ohne großen Abstand direkt vor und mit seinem Publikum arbeitet. Das ist natürlich perfekt für Spione, die sich nicht unbedingt auf eine Bühne stellen und aus dem Mittelpunkt heraus agieren. Ganz im Gegenteil, sie befinden sich meist mittendrin.

Mulholland war neben seiner Tätigkeit als Zauberer auch Herausgeber der Zauber-Fachzeitschrift *The Sphinx*. 1953 gab er diesen Posten auf – offiziell aus gesundheitlichen Gründen. Eigentlich aber, weil er fortan für die CIA Handbücher für Agenten schreiben sollte. Handbücher, durch die die Agenten lernen sollten, zu denken wie ein Zauberkünstler. Die Manuskripte galten lange als Mythos und Legende – bis einige davon 2007 zufällig entdeckt wurden. Einst «top secret», kann man sie inzwischen in jedem Buchladen bestellen. Mulhollands *The Official CIA Manual of Trickery and Deception* ist sogar auf Deutsch erschienen und heißt: *Das einzig wahre Handbuch für Agenten. Tricks und Täuschungsmanöver aus den Geheimarchiven der CIA.*

Aber nicht alle Geheimnisse Mulhollands sind nach seinem Tod 1970 gelüftet. Mulhollands riesige Sammlung an Apparaten und Requisiten gehörte lange Zeit einem Banker und Hobbyzauberer. Nachdem der Banker Konkurs ging, wurde sie weiterverkauft. Michael Jackson bot eine hohe Summe, die dann von David Copperfield überboten wurde. Seither steht die Mulholland-Sammlung in Las Vegas. Man kann sie nicht besichtigen, Copperfields «Secret Warehouse» ist – wie der Name schon sagt – vor allem eins: *geheim*.

Mulhollands Tricks für den Geheimdienst mussten unbedingt alltagstauglich sein, wirksam. Und von einem Nichtzauberer anwendbar. Und statt zu unterhalten, sollten die Tricks hauptsächlich betäuben und töten. Der Fokus seiner Arbeit lag im Verstecken von Pillen, Pulvern und Flüssigkeiten in Alltagsgegenständen. Er ersann Münzen, in denen Zyankali-Nadeln versteckt wurden, Pulver war in Zigaretten und Bleistiften verborgen und Flüssigkeiten in Streichholzbriefchen. Es würde mich nicht wundern, wenn der britische Schriftsteller Ian Fleming sich von Mulhollands Handbuch Inspirationen für seine James-Bond-Figur geholt hat.

Tatsächlich wurde eine Münze mit Geheimfach für eine Giftnadel bei dem US-amerikanischen Piloten Gary Powers gefunden. Powers flog 1960, während des Kalten Krieges, unerlaubt über die Sowjetunion und wurde bei seinem Spionageflug abgeschossen. Den Befehl, sich in einem solchen Fall selbst zu töten, führte Powers aber nicht aus, und so wurde er gefangen genommen. Später wurde Powers in Berlin gegen einen sowjetischen Agenten ausgetauscht. Steven Spielberg erzählte in seinem Film *Bridge of Spies – Der Unterhändler* diese Geschichte nach.

Eine ebenfalls filmreife Idee Mulhollands war es, seinen Gegner zu vergiften, während man ihm Feuer für die Zigarette gibt. Voraussetzung ist hierfür aber, dass derjenige, dessen Leben beendet werden soll, zugleich ein Glas in der Hand hält. Denn beim Entzünden des Streichholzes soll das präparierte Streichholzbriefchen über das Glas gehalten werden, damit das Gift unbemerkt ins Glas gelangt. Ob diese Technik je angewandt wurde, ist nicht überliefert. Von wem auch? Das Opfer konnte es nicht mehr erzählen, und der Agent unterlag der Schweigepflicht. Nach offizieller Darstellung der CIA jedenfalls wurden Mulhollands Tricks nie benutzt.

Im Handbuch stehen ebenso diverse Kunstgriffe, beispielsweise das schnelle Falten eines Blatts Briefpapier mit einer Hand. So kann der Spion ein Dokument unter Deckung seines Körpers blitzschnell falten und in seine Tasche stecken. Agenten-Origami.

Abgesehen von Giftanschlägen und dem unbemerkten Stehlen von Dokumenten, beschäftigte sich die CIA in ihrer «Trickabteilung» auch mit dem Austauschen oder dem unbemerkten Einschleusen von Menschen. So wurde allen Ernstes darüber nachgedacht, einen Agenten in ein Bernhardinerkostüm zu stecken und ihn zu gegebener Zeit gegen einen echten Hund auszutauschen. Und wie kommt der Hund dann aus der Situation? In einem Agentenkostüm? Dieser wagemutige Plan wurde nur von einer Idee des britischen Geheimdiensts während des Ersten Weltkriegs übertroffen. Hier haben Zauberkünstler Agenten geraten, ein zweiteiliges Kuhkostüm anzuziehen. Die Spione sollten per Fallschirm hinter feindlichen Linien landen und sich dann als Kuh verkleiden (jeweils zwei Agenten sollten sich ein Kuhkostüm teilen). So würde man sie nicht entdecken. Dass Zauberer auf so eine Idee kommen, wundert mich nicht. Dass das Kostüm nie eingesetzt wurde, allerdings auch nicht.

Ein Kapitel im *CIA Manual* widmet sich der unauffälligen Kommunikation. Also «toten Briefkästen» und bestimmten Zeichen, über die und mit denen man mit Leuten versteckt in Kontakt treten kann. Darin finden sich Tipps wie folgende: Je nachdem, wie das Einstecktuch in der Jackentasche drapiert ist, wird man beschattet oder nicht. Die Schnürsenkel eines Schuhs können verraten, ob eine Kontaktaufnahme erwünscht wird. Oder es wird dadurch signalisiert: «Ich werde Ihre Anweisung befolgen.» Solche Zeichen hat übrigens der Watergate-Whistleblower Mark Felt benutzt. Das Arrangement seiner Balkonpflanzen verriet den Reportern der *Washington Post*, ob er gesprächsbereit war oder nicht.

Die Résistance überlistete die Gestapo mit einer Farbpalette und der US-Präsident Richard Nixon stürzte wegen paar Geranien. Manchmal sind es solche letztlich offenen, aber doch stets unbemerkten Details, die die größten Geheimnisse lüften.

EXKURS 2: GEHEIMBOTSCHAFTEN UND CODES

Der englische Wissenschaftler Roger Bacon schrieb einst: «Ein Mann ist verrückt, wenn er ein Geheimnis nicht so aufschreibt, dass es den Augen der Gewöhnlichen verborgen bleibt.» Na dann:

FpnjQxkcgegZccgt65DYo6Gr9Aomgo4u68I7+FLSPxdrO+noPS
MywfNJohPV4LAZFLvxyDXnkWzW1WKn7dQhxmAlXOo2eL7
SBv1NOmLB2KTX4cpHKmjSwH2UTycxotlGaDooQaJzaGA2fR
EW34mixx8nm+EtW72WxVh+FpoK8GttvkAuLX8RZTntz55y
FOstrMgZ74SlgYo1WsWgxU+/OPoGXR5lEF8ojIEBnynqOTw
hsR9WON6PpEr1Go5aIiYc8bvmTsz87/Lad+aNkJhSv4mak2Qe
1hffx2yx/BFKxbS22FoWHhJjfLLojFto8Ah7235kyyhWrn4q12Q
IvCrsJMj/jzSJmtNzjswgme8hVGohfsG1IzbR/HWPIBono4XN
3dpNnIFdmSVdw4Wannbvl7wzooHwOn91DzW4QIGZc7Y
UXeTm/AU4o2HVpptYeporXiEkry73auefPv4DK8208XZlEIcC7
5hu3zTRI3FwFqszSSuPzit3Xzy6SV8JAcbcmAdSqGOAytNVb
NyAokYeh+FpVywoNYbhB65V784vZA1TiKUheVIqB6WiqnC
UmqonpI17oAlyIG9jjTLGPyzABbeUlvd+ZasN/tdTjSpBPjVo+JP
ZGQZSETx+Rk1Lx3ihAmxmoKrVOjUBmgD14otlLcrJjTYEjwc
Bfj4X4qjEkvnZ4jYaDhA//Nnshxo+BnBT5o6jlkoBjrVoZoxf797
oZByP+qgiyqz7tKt4cGMCSyDnh2lFKeYphoqM39hnGsiFY8
blH4K7jjxD45GrS/eGZkLmyeTidtawXI2ShbQh6fPOWvUrL
XXKX/AOljERSyPqAYkf+v8ZFCzPLbbDwz/V6ycE63dYR1om
jPGVJKml/+X1QVdGIIdB8QwUgdnGHxhRfK1ni9ioug9jhGc/U
ydC+slyiTAQDwoKlUIPt2gtxrQHmKuaTfW4Y4vCN1HEatBi
iAZXDkp2Y3gdP1sCmAtoI+c6Rg/XXnW3JPoumbFUkLDFpY
qo/Lmi6Q1VR4TczftpjeZJF7TboPkUpfHYU4CDWhs/jA4ewQh
++Y4FXmzjkN8loZ+LoRy+S/g3tcYTmKWjHLUUcd43TZCqb8
mmLoXkfSUIRHvfoWDUYIMgxQJZNGt+jg3SF8KhD/BIordC

```
ifSTLoU6KBotGe5HAlA5123LutoyYx9TLJWp+yfvJMcpA4zFQu
XwWYWTdJjb7KkqG+o3JpiuIATMXYdFQ7w4Gj4Vowvkzq1sq5
m7lbKw5xnhh+rVxMtN9YKo5zEyqDFXdb5zVo5Uh4NstbJYv8
rg4Y5MOl6gmQKiiOY/boi4Gsozz/4dthGqtuoqUJwXKu7VOuUO
zKoRs6cYSOgwqZzyyppYgv7E4CVyZQg1C9+gMFOtHUMif17
1gow5QjAjY57gvgV+bWTClu1oQfa+1qogCpCP8NQeACFf9CH
x9N5j/ylzSJdujuFjadoMLxik3KL8rqoTWVDjaGrPG6TBDewbA2
IiszocTHAPosuZ/CUbPk9yVogckYjsqwrohzF8y1BMSgRsp8ics
ctwpe7URFBH8ujD1KfpjKO9ZMoun6oCrVvCDJk4ss3zo/qs4Ae
iojMDJnZoDnGGqjQuR8qIp6/+2YYbKsAZzoogGot7pX9QNtfV9
yZQ95FgSIEy4ntZ2gZOJ9sJQaD1tNTWDsMhd1YsPngrzLhwGtv
Ns/DX6FOo5rw2oGV4X9I5hRBUNhSRasE4Ik4BzoMjg6Ff/Mojj
/CeAHuqq8eWY+6zxtV2hMge6WE9bEULMIL7FJKylqhG9cG
JwEwoAKr8aisLlBv+6cIK5FHLIWNwENjao78s85XRRpenTS/
fVUw6AWURgvfoX2EqGcgQlsi6Uh+No4naIBRcc3exzV+vY6IC
IReB9qtQzeaQwtyZBGe5ioC8IyIOlhxHPddKqSXb2EOOiM+H5c
B/cwB2zk9iPcGZLQwZHoC7N6SospJz5P2ANZF3ualhBvLUE3r
sn8ERY1VXZNfZZpaQF1fXZ9nLRMVgsnGeoeIzGcGguUPoc/lx
XIFBBdEepOosBFwj1b9YFfGYhhmfFFvKRTwoRyqHfHU47/8
zc9EOkOs5IYKyWYhh1J6eFmPjsPk
```

Sie denken, ich hätte mir den seltsamen Text einfach ausgedacht?
Nein, es ist ein echter Code. Damit ist er, wie bislang noch jeder
Code, zu knacken. Versuchen Sie es. Allerdings sollten Sie sehr viel
Zeit und Geduld mitbringen – Eigenschaften eines jeden guten
Codebrechers.

Genau um diese Geheimnisse geht es nun, um Nachrichten,
Botschaften, deren vertraulicher Inhalt nur einem bestimmten
eingeweihten Empfängerkreis zugänglich sein soll.

Seit Menschen sich Nachrichten zukommen lassen, gibt es
Möglichkeiten, diese zu verschleiern. Die Geschichte von Codes

und versteckten Nachrichten ist fast so alt wie die Menschheit selbst, in jedem Fall sehr alt. Das Zitat von Bacon stammt aus seinem Buch *Die Abhandlung über die geheimen Künste und die Nichtigkeit der Magie*, der Franziskanermönch schrieb es im 13. Jahrhundert. Wieso Bacon seine Abhandlung so nannte, kann ich nur vermuten. Bacon war englischer Franziskanermönch und Mathematiker, ich nehme mal an, er fand deshalb sämtliche Formen der Magie überflüssig.

Geheime Mitteilungen und verschlüsselte Codes haben Schlachten entschieden, Könige gestürzt, Maria Stuart den Kopf gekostet. Und zum Teil haben sie auch einfach nur Spaß gemacht. So hat Johann Sebastian Bach in einigen seiner Werke Noten als Codes benutzt, um auf diese Weise die Geburtstage seiner Kinder in Intervallen zu verstecken und ihnen ein geheimes Zeichen zu setzen. Einfach aus purer Lust. Und weil er es konnte.

Geheime Botschaften können in zwei Kategorien eingeteilt werden: Zum einen gibt es versteckte Mitteilungen, von deren Existenz nur eingeweihte Personen wissen, zum anderen codierte Nachrichten. Letztere sehen wir zwar, aber wir können sie nicht lesen, wie jene, mit der ich Sie eben konfrontiert habe. Die versteckten Botschaften sind älter als die verschlüsselten. Eine erste Erwähnung findet sich bei Herodot, dem großen griechischen Geschichtsschreiber der Antike. In seinen *Historien* berichtet er von einem griechischen Boten, dem zunächst der Kopf rasiert wurde. Danach brannte man eine Nachricht auf dessen nackte Kopfhaut. Anschließend hieß es warten. Und man wartete. Und wartete. Nicht bis Gras, sondern sein Haar über die Nachricht gewachsen war. Ab diesem Moment konnte er jede Kontrolle ungehindert passieren. Sicher beim Empfänger angekommen, wurde dem Boten der Kopf geschoren – und die eingebrannte Nachricht war übermittelt. Offensichtlich bestand damals das Problem allein im Überbringen von geheimen Mitteilungen. Zeitprobleme, so scheint es, hatten die Menschen damals noch nicht gehabt. Und genügend Boten gab es offensichtlich auch (vielfach Sklaven), denn für jede neue Nachricht brauchte man eine unbeschriebene Kopfhaut. Ja, die Zeiten ändern sich, meine Kinder regen sich schon nach dreißig Sekunden auf, wenn eine WhatsApp nicht richtig verschickt wird.

Zurück zu den geheimen Nachrichten: Bei der Kahlkopf-Methode ist die Botschaft selbst das Geheimnis, sie bleibt einem Außenstehenden verborgen, weil er ihre Existenz nicht kennt. Bei dieser Art der geheimen Übermittlung von Meldungen wird die Technik der Steganographie (Griechisch *steganós*, «bedeckt», und *gráphein*, «schreiben») angewandt. Natürlich favorisierte man bei dieser Informationsweitergabe nicht nur das zeitraubende Verfahren der rasierten und eingebrannten Kopfhaut. Der Mensch war findig, so setzte er auch auf Papier nicht sichtbare Geheimtinte ein, versteckte Botschaften in doppelten Böden oder suchte sich die ungewöhnlichsten Verstecke aus, etwa ließ man Mikrofilme in einem hohlen Absatz verschwinden. Hier geht es nicht darum, die Nachricht zu verschlüsseln. Vielmehr ist es wichtig, die Kommunikation selbst geheim zu halten.

Ein Code ist dagegen ein vollkommen anderes Verfahren. In diesem Fall ist nicht die Nachricht selbst geheim, sondern deren Inhalt. Damit birgt der Code das Geheimnis und nicht der Überbringer. Codes fallen in den Bereich der Kryptographie. Dieses Wort stammt ebenfalls aus dem Griechischen: *kryptós* bedeutet «verborgen» oder «geheim». Bei dieser Verschlüsselungstechnik wird, in ihrer einfachsten Form, ein Wort durch ein anderes Wort oder ein Symbol ersetzt, sodass die Bedeutung der neuen Wörter, der neuen Zeichen nicht erfasst werden kann. Ein berühmtes Beispiel: James Bond ist 007. Aber wir müssen gar nicht in die Film- oder gar Militärgeschichte abtauchen, denn jedes Mal wenn Ihr Partner den Kosenamen von Ihnen ausspricht, benutzt er streng genommen einen Code. Schon Kinder codieren. Oder hatten Sie als Junge oder Mädchen keine Geheimsprache mit Ihren Freunden? Meine Kinder jedenfalls sprachen manchmal ein unglaubliches Kauderwelsch, und ich verstand kein Wort. Was ja auch ihre Absicht war. Sie sehen, nicht nur Feldherren und Geheimdienste nutzen Codes, wir alle tun das.

Noch tiefer als der Code geht das Chiffrieren. Hierbei werden nicht Wörter, sondern einzelne Buchstaben ersetzt. Auch so entsteht ein verschlüsselter Text, der zwar sichtbar, aber nicht lesbar ist. Nur wer den Schlüssel hat, kann ihn wieder in Klartext verwandeln. Und nur der Klartext ist verständlich.

Codes und Chiffren faszinieren uns, weil sie uns Rätsel aufgeben. Denken Sie nur an die Hieroglyphen, die zwar nie entwickelt wurden, um geheimes Wissen zu vermitteln, ganz im Gegenteil, aber noch immer fehlt uns der Schlüssel für einige Zeichen. Wissenschaftler zermartern sich ihren Kopf, unbedingt wollen sie die Bedeutung dieser mysteriösen Zeichen erfassen.

Viel und bewusst wurde im Mittelalter chiffriert, im diplomatischen Briefverkehr machte man davon Gebrauch, etwa mit Geheimschriften wie dem *Alphabetum Kaldeorum*, aber auch Heilkundler verschlüsselten ihre Rezepturen, damit nicht jeder Quacksalber mit ihnen hausieren gehen konnte.

Manche Texte verbergen bis heute komplett ihren Inhalt, trotz intensiver Forschung. Da gibt es beispielsweise das *Voynich*-Manuskript (so benannt nach einem seiner Besitzer, Michael Voynich). Es besteht aus über hundert beschriebenen Blättern, dazwischen finden sich Zeichnungen. Wer das Manuskript geschrieben hat, ist unklar, warum und wo es geschrieben wurde, ist unklar, und wem es gehörte, ebenfalls. Sehr seltsam. Ein derart geheimnisvolles Schriftstück reizt natürlich ungemein. Immer wieder steht etwas über eine angebliche Entschlüsselung des Manuskripts in der Presse, aber stets ist das mit einem Fragezeichen versehen. Skeptiker behaupten, das Skript, das wohl aus dem 15. Jahrhundert stammt, hätte überhaupt keinen sinnvollen Inhalt. Diese Erklärung wäre mir sehr sympathisch. Es würde bedeuten, dass man sich im Mittelalter einen Riesenjux daraus gemacht hatte, mit sehr viel Mühe und Liebe ein wundervoll kunstvolles Werk zu erstellen, nur um uns, Jahrhunderte später, einen Streich zu spielen. «Schreib mal irgendein Gebrabbel – das wird die in der Zukunft lange beschäftigen.» Ein herrlicher Gedanke!

Und was hat das nun mit Maria Stuart zu tun?

Sie, die Königin von Schottland und von Frankreich, korrespondierte während ihrer Gefangenschaft in England im Geheimen mit ihren Anhängern auf dem europäischen Kontinent. Dabei benutzten beide Parteien einen Code. Einer ihrer Gefolgsleute schmuggelte die Briefe in einem Bierfass unbemerkt hin und her, nutzte also zusätzlich zum Code auch die Steganographie. Maria Stuart erfuhr so von dem Plan der Aufständischen, sie zu befreien, die Königin Elisabeth zu ermorden und eine Rebellion anzuzetteln. Allerdings war der Schmuggler, ein Mann namens Gilbert Gifford, ein Doppelspion, er arbeitete für beide Seiten: für die Gefangene, aber auch für die Königin. Er lieferte die Briefe zunächst an Königin Elisabeths Sicherheitsminister, bevor er sie an die Aufständischen weiterleitete. Und wie das nun einmal so ist: kein Siegel, dass nicht unbemerkt geöffnet, keine Schrift, die nicht gefälscht, und fast kein Code, der nicht entschlüsselt werden kann. Am 8. Februar 1587 wurde Maria Stuart hingerichtet.

Diese Geschichte lehrt uns nicht nur, dass Spione mehr Geheimnisse haben können, als wir denken, sondern auch, dass ein schwacher Code gefährlicher sein kann als gar keiner. Maria Stuart teilte ihren Anhängern ganz unverblümt ihre Absichten mit, weil sie ihrem Code vertraute. Zu viel Vertrauen in eine schwache Geheimschrift erzeugt ein falsches Gefühl von Sicherheit. Und dann können Köpfe rollen.

TEIL 4

Zwischenmenschliche Geheimnisse

elche Erkenntnisse die Wissenschaft über die positive identitäts- und gemeinschaftsstiftende Seite von Geheimnissen gewonnen hat, habe ich im ersten Teil dargestellt. Was Geheimnisse für den einzelnen bedeuten können, wie die Beschäftigung damit uns beflügeln und die Zauberkunst dabei als Katalysator dienen kann, wollte ich Ihnen im zweiten Teil näherbringen. Nun soll es in diesem dritten Teil darum gehen, wie wir in unseren zwischenmenschlichen Beziehungen ganz konkret von der guten Seite der Geheimnisse profitieren können.

DAS ZWEITE GESICHT

Wie sieht Atze Schröder privat aus?

Oder Cro ohne Maske?

Geheimnisse bieten nicht nur die Möglichkeit, einzelne Aspekte des Ichs im Geheimen auszuprobieren, sondern sich sogar eine zweite Identität zuzulegen. Bei einem solchen «Doppelleben» denken einige Menschen vielleicht zunächst an Affären, Betrüger, an Kriminelle. Ja, das gibt es natürlich auch. Mir ist klar, dass in diesem Fall Geheimnisse diese Menschen schützen und ihnen Freiraum geben, ihren abscheulichen Machenschaften nachzugehen. Andererseits bieten geheime zweite Identitäten vielen Menschen die Möglichkeit, überhaupt erst ein für sie lebenswertes Leben zu führen.

Wir wissen fast nichts über den privaten Cro oder Atze. Wir können es höchstens ahnen. Und genau das macht diese Menschen erst interessant für uns. Was für die beiden Genannten allerdings viel entscheidender sein dürfte: Ihr Geheimnis bietet ihnen die Möglichkeit, ein normales Privatleben zu führen, obwohl sie berühmt sind. Sie können sich ohne Perücke oder Maske in der Öffentlichkeit ungestört und geschützt bewegen, ohne ständig angesprochen oder belästigt zu werden. Sie können sogar über die Stränge schlagen, ohne dass es am nächsten Tag auf *Bild-Online* gepostet wird.

Auch wenn sie im Alltag ganz gewöhnliche Mitbürger sind und wir sie auf der Straße nicht wiedererkennen würden – sobald sie ihre Maske tragen, sind sie eine andere Person. Im Verborgenen wird ein zweites Leben möglich. In diesem haben die nicht ausgelebten Seiten ihrer Persönlichkeit Raum. Sie können Sachen sagen und tun, die sie für gewöhnlich in der Öffentlichkeit nie sagen oder tun würden.

Bruce Wayne darf keine Menschen verprügeln – Batman schon.

Der Vorstandsvorsitzende darf keine Tätowierung haben – der Privatmann schon. Natürlich an einer geheimen Stelle.

Nichts kann aufregender sein, als aus dem normalen Leben auszusteigen und sich als jemand anderes auszugeben, sich auszuprobieren. Auf einmal hat man so etwas wie ein zweites Gesicht. Was eigentlich ist meine wahre Persönlichkeit? Kann ich nicht auch etwas darstellen, was noch in mir verborgen liegt? Werde ich dann mutiger, selbstbewusster, unabhängiger? Kann ich unter der Maske meine Träume ausleben?

Der Beruf des Schriftstellers scheint wie geschaffen für eine zweite Identität. Walter Moers zum Beispiel, der Verfasser der Zamonien-Romane, Vater von Figuren wie Hildegunst von Mythenmetz, Prinzessin Insomnia, dem kleinen Arschloch oder Käpt'n Blaubär. Über Moers wissen wir praktisch nichts. Wir wissen nur, dass er großartige Bücher schreibt, sehr belesen und sehr witzig ist. Und das war's. Vielleicht hört er ja privat Andreas Gabalier, wer weiß? Doch wir werden es nie erfahren, da Moers sich nicht fotografieren lässt, keine Interviews gibt und nicht in Talkshows auftritt. Das hat damit zu tun, dass er nicht nur öffentlichkeitsscheu ist, sondern nach seinen *Adolf*-Comics Drohbriefe von Rechtsradikalen bekommen hat.

Auch der Autor Patrick Süskind lebt derart zurückgezogen, dass die *Frankfurter Allgemeine Zeitung* ihn einmal als «poetisches Rätsel» betitelte. 1985 tauchte er komplett ab. Er nahm keine Preise mehr entgegen und verweigerte jegliche Interviews. Wir wissen nur, dass er neben seinen Romanen gemeinsam mit Helmut Dietl an *Monaco Franze* und *Kir Royal* schrieb, im berühmten Chateau Marmont in Los Angeles. Womit er uns zwei der besten deutsche Serien überhaupt schenkte.

Die Liste lässt sich fortsetzen: J. D. Salinger veröffentlichte 1951 seinen Roman *Der Fänger im Roggen*. 1965 gab er sein letztes Interview. Thomas Pynchon, ebenfalls US-amerikanischer Schriftsteller, verschwand zwei Jahre früher aus der Öffentlichkeit. Bis heute gibt es nur Bilder von ihm, die inzwischen über vierzig Jahre alt sind. Er ist ein Rätsel. Inzwischen ist dieses Rätsel sogar Teil der Popkultur: Immerhin hat er es in eine Folge der Zeichentrickserie *Die Simpsons* geschafft. In dieser synchronisiert Pynchon sich selbst, seine Figur trägt dabei allerdings eine Tüte mit Fragezeichen über dem Kopf. Die Tüte auf dem Kopf ist seine zweite Identität, die erste kennen wir nicht. Sie bleibt Pynchons Geheimnis.

DIE SELBSTLOSE LÜGE

Es ist schon mehrfach angeklungen: Keine Geheimnisse zu haben würde bedeuten, dass wir vollkommen ungeschützt und berechenbar wären. Es würde aber auch bedeuten, anderen gegenüber taktlos und verletzend zu erscheinen. Nein, wir schützen den anderen, indem wir zur altruistischen, zur selbstlosen Lüge greifen. Diese Art von Geheimnissen sind sozialer Kitt, Schmierstoff für funktionierende Zwischenmenschlichkeit. Ohne sie können wir keine Beziehung führen, keine Freundschaften pflegen.

Karl Lenz, Professor für Soziologie an der TU Dresden, ist der Überzeugung, dass Geheimnisse zu einer Partnerschaft dazugehören und diese sogar stärken können. Man wisse ja als Partner, so Lenz, genau um die empfindlichen Stellen beim anderen. Um ihn nicht zu verletzen, verheimliche man ihm Dinge, die ihn traurig machen würden. Das sei rücksichtsvoll und stärke die Beziehung.

Ein Beispiel für solche kleineren, stärkenden Geheimnisse beschreibt Ursula Nuber in ihrem Buch *Lass mir mein Geheimnis:* Sie erzählt darin von einer Frau, die von ihrem Mann mit einem Sommerkleid überrascht wird. Er wollte ihr eine Freude bereiten, war ganz stolz, als er ihr dieses Präsent überreichte. Das Kleid war allerdings sehr altmodisch geschnitten und gefiel der Beschenkten nicht sonderlich. Statt das aber ehrlich zu kommunizieren, ließ sie das Kleid heimlich beim Schneider ändern. Der Mann bemerkte die Täuschung nie. Wäre es besser gewesen, sie hätte die Umarbeitung offengelegt? Ich denke nicht. Durch das Geheimnis der Frau wurde der Mann nicht in seinen Gefühlen verletzt – und das wiegt für mich schwerer als das Gebot der Ehrlichkeit an dieser Stelle. (Wobei man sich natürlich fragen kann, warum sich der Mann seine Frau und ihre Outfits offenbar so ungenau anschaut.)

Geheimnisse in Beziehungen können eine heikle Angelegenheit sein. Doch klammern wir erst einmal die dunklen, belastenden Geheimnisse aus. Konzentrieren wir uns auf das, was die meisten Ratgeber frisch verliebten Paaren empfehlen: «Seien Sie nicht allzu durchschaubar.» Menschen gelten für viele als unwiderstehlich und anziehend, wenn sie als geheimnisvoll wahrgenommen werden. Und geheimnisvoll wirkt man, wenn man nicht alles über sich verrät. Nur wenn wir spüren, dass es bei dem anderen eine verborgene Seite gibt, bleibt die Faszination bestehen. Dann wollen wir wissen, was da in unserem Partner noch so alles zu entdecken ist. Die Neugier packt uns. Was die Magier und Zauberer aus der Erfahrung heraus wussten und wissen, lässt sich in unserer wissenschaftlich geprägten Zeit mittels neuester Methoden im Gehirn nachweisen.

Es gibt nur wenige wissenschaftliche Studien zu dem eben beschriebenen Phänomen (eigentlich unverständlich), aber ein Forscherteam um den US-amerikanischen Neurologen Gregory Berns von der Emory University hatte schon 2001 herausgefunden, dass das Gehirn stärker auf geheimnisvolle und damit überraschende Momente reagiert als auf Vorhersehbares. Für ihre Untersuchung hatten die Wissenschaftler die Gehirnaktivität mittels MRT (Magnetresonanztomographie) bei freiwilligen Probanden gemessen, und zwar während eines Geschmackstests. Ein computergesteuerter Apparat spritzte dabei den Probanden Wasser und Fruchtsaft in einer bestimmten Reihenfolge in den Mund. In einer Versuchsreihe war die Abfolge der Spritzer vorhersehbar, in einer zweiten völlig zufällig. Bislang waren Wissenschaftler davon ausgegangen, dass das Gehirn am stärksten auf den Geschmack reagieren müsste, der dem Menschen am besten gefällt. Doch bei dem Experiment, so langweilig es auch erst einmal erscheint, zeigte der Nucleus accumbens – das Lustzentrum des Gehirns – gerade bei einer unerwarteten Reihenfolge der Fruchtsaft- und Wasserspritzer die höchste Aktivität.

Was als Überraschungsmoment daherkommt, was unerwartbar ist, erregt also neuronal unsere Aufmerksamkeit. Das hat damit zu tun, dass unser Gehirn, trotz seiner großen Neigung zum

Gewohnten und Altbekannten, zur Routine, doch auf eine gewisse Weise das Geheimnisvolle und Unerwartete liebt. Dabei gilt, wie das Berns-Experiment gezeigt hat: Je mehr man erwartet, umso weniger überrascht es uns; je weniger man erwartet, desto mehr sind wir überrascht. Wird in unserem Gehirn durch das Überraschtwerden gar ein starker Neuroalarm ausgelöst, intensivieren sich, so US-Journalistin Tania Luna, unsere Emotionen um bis zu 400 Prozent. Geht es dabei um etwas Negatives, verstärken sich unsere Gefühle von Ärger, Verzweiflung oder Unglück. Das kann sehr unangenehm sein, weil die eigene Aufmerksamkeit dann völlig auf diesen einen Moment bezogen ist.

Werden wir jedoch von etwas Positivem überrascht, verspüren wir vermehrt Glück oder Freude. Danach passiert etwas im Gehirn, was sich mit «Finden» beschreiben lässt. Neben den positiven Gefühlen wird extreme Neugier erzeugt, denn man möchte unbedingt dieser gerade gemachten angenehmen Erfahrung auf den Grund gehen. Man will mehr von dem anderen wissen. Na, wenn das keine frohe Botschaft ist!

Ausgelöst wird dieses Mehrwollen durch eine größere Ausschüttung eines Neurotransmitters im Gehirn, eines Botenstoffs, Dopamin genannt, auch bekannt als «Glückshormon». Diese unerwartete Dopamin-Vermehrung hat zur Folge, dass sich enthusiastische, euphorische Gefühle einstellen, auf die man dann letztlich selbst – aber auch das Gegenüber – so ungern verzichtet. Und schon hat man ein Verlangen entwickelt, das gestillt werden will. Man möchte sich und den anderen weiterhin mit diesen tollen Gefühlen belohnen, und das gelingt hervorragend, wenn man sich dauerhaft mit dem Geheimnisvollen und damit Überraschenden umgibt.

Genau deshalb sind Geheimnisse so wichtig, denn ohne sie fehlt diese durch das Gehirn gesteuerte Anziehungskraft. Wenn unser Partner völlig durchschaubar ist, wir jederzeit genau vorhersagen können, wann er was und wie macht, wird er uninteressant und langweilig. Je mehr ich von dem anderen weiß, desto ernüchternder gestaltet sich das Miteinander.

BLEIBEN SIE ÜBERRASCHEND

Ich kann Ihnen nur raten: Bleiben Sie geheimnisvoll. Wenden Sie diese erste Regel der Zauberkunst auch in Beziehungen an, sie hilft Ihnen dabei, interessante Begegnungen zu Menschen aufzubauen und für Partner begehrenswert zu bleiben.

Diese verlockende Perspektive hatte Georg Simmel bereits 1908 formuliert, jener Soziologe, der zu seiner Zeit am meisten über das Phänomen «Geheimnis» nachgedacht hat, auch ohne Erkenntnisse der Hirnforschung. Nach seiner Beobachtung hat eine Beziehung nämlich nur dann Bestand, wenn die Partner in ihrem Verhalten zueinander nicht völlig vorhersehbar sind. Behält ein Partner bestimmte Bereiche seiner Identität für sich, bleibt er für den anderen interessant. Simmel plädierte für ein «Recht auf Geheimnis», denn wenn man sich «absolut kenne» und sich «psychologisch ausgeschöpft» habe, würde unweigerlich die Ernüchterung folgen. Dann gäbe es in der Beziehung auch keinerlei Raum für Überraschungen mehr.

Bei einem Treffen fotografierte ein Freund von mir jeden Drink und jeden Gang seines Essens und schickte die Fotos per Snapchat an seine Frau. Die war gerade auf Geschäftsreise und sollte so an seinem Leben teilhaben. Ist das wichtig? Wäre ich unterwegs, wäre es mir offen gestanden ziemlich egal, wie das Essen auf dem Teller meiner Frau aussieht und welche Farbe der kleine Schirm in ihrem Cocktail hat. Ich muss wirklich nicht alles über sie wissen –

zumal man sich ja auch noch etwas zu erzählen haben will, wenn man sich wiedertrifft.

Geheimnisse sind nicht gleich Geheimnisse. Am Anfang einer Beziehung verheimlicht man dem anderen Dinge, die einem peinlich sind oder von denen man denkt, sie würden den anderen stören. Man möchte sich ja in einem möglichst guten Licht darstellen.

Wir halten Dinge geheim, um uns Ärger zu ersparen, wir setzen das als rationales Mittel zur Lösung eines Konflikts ein, überzeugt davon, das engste Umfeld schonen zu müssen. Aus diesem Grund verschweigt man beispielsweise psychische Probleme oder körperliche Krankheiten. Das jedenfalls zeigten Untersuchungen der Psychologin Lea Baider vom Hadassah University Hospital in Jerusalem. Ganz gleich ob die Auswirkungen des nicht Gesagten positiv oder negativ sind, das Geheimhalten wird – zumindest vorläufig – als beste Strategie angesehen.

Bei einer Geheimhaltung können auch Tatsachen nicht kundgetan werden, obwohl der andere vielleicht sogar das Recht hätte, diese zu erfahren. Problematische Dinge, die totgeschwiegen werden, können Nebenbeziehungen sein, auch ein Kind von einem anderen Mann, das dem Partner untergejubelt wird, die Kündigung des Jobs, eine vergangene Haftstrafe oder aktuelle (kleinere) Konflikte mit dem Gesetz, einstiger Drogenmissbrauch, Geldprobleme, heimliche Aktionen wie das Herumstöbern in ihrem / seinem Handy, Abneigung gegenüber Personen, die dem anderen wichtig sind. All diese Geheimnisse können als Vertrauensbruch erlebt werden, sollten sie doch mal ans Tageslicht kommen.

Nicht von ungefähr behaupten deshalb 85 Prozent der in Beziehungen lebenden Befragten einer Studie der GEWIS (Gesellschaft für Erfahrungswissenschaftliche Sozialforschung): «Wir haben keine Geheimnisse voreinander.» Aber ob das wirklich wahr ist? Die Prozentzahl erscheint mir sehr hoch. Steckt dahinter vielleicht das Dogma, dass man sich in einer Beziehung eigentlich alles erzählen sollte? Dahinter stünde die Vorstellung von dem, was Liebe ausmacht: Vertrauen. Letztlich bedeutet diese Annahme nichts anderes, als dass Geheimnisse für etwas Schlechtes gehalten werden.

Der Paartherapeut Wolfgang Hantel-Quitmann hat indes herausgefunden, was ich schon vermutete: Paare sind gar nicht so ehrlich und offen zueinander, wie sie gemeinhin behaupten. Wobei dies, so Hantel-Quitmann, überhaupt nichts Schlimmes sei, sondern im Gegenteil: «Liebe bietet das größtmögliche Verletzungspotenzial. Geheimnisse sind notwendig, um Intimität zu wahren – und Intimität braucht Schutz. Sie sind wie eine Schutzschicht, damit wir auch in der Nähe nicht verletzbar werden.» Geheimnisse voreinander zu haben bedeutet demnach vor allem, dass beide Partner eigenständige Personen mit individuellen Wünschen, Träumen und Bedürfnissen sind. Wie weit man mit dem Verheimlichen geht und wo die Grenze ist, dass Schuldgefühle einen nicht plagen, sei allerdings von Person zu Person verschieden.

Aber nicht nur durch die Geheimnisse selbst, sondern auch durch das Teilen von Geheimnissen in einem privaten, geschützten Raum wird eine zwischenmenschliche Beziehung gestärkt, das wiederum haben die niederländischen Pädagogen Max van Manen und Bas Levering herausgefunden. Denn vertraut man dem Partner etwas Besonderes an, etwa ein Familiengeheimnis oder einen heimlich gehegten Traum oder Wunsch, wird dieses quasi zur Währung von Intimität, eine Investition, bei der am Ende sogar die Bilanz stimmen kann. Zumindest dann, wenn man nicht gleich alles preisgibt.

Das wusste wohl auch die berühmteste aller Märchenerzählerinnen, Scheherazade, eine der Hauptfiguren aus den persischen

Geschichten von *Tausendundeiner Nacht*. Sie sollte mit einem Sultan vermählt werden, der, das war bekannt, jede Frau nach der Hochzeitsnacht töten ließ. Als die Ehe zwischen Scheherazade mit dem Sultan vollzogen war, begann sie, ihrem Mann in der ersten Nacht eine Abenteuergeschichte zu erzählen, wobei sie das Ende jedoch geheim hielt. Sie versprach ihm, das Geheimnis am folgenden Abend zu lüften. War der gekommen, war Scheherazade so geschickt, dass sich in ihrer Erzählung ein neues Geheimnis auftat, welches sie aber erst in der folgenden Nacht enthüllen wollte. Und so ging es weiter und weiter. Der Sultan war natürlich begierig darauf, den Ausgang der neuen Verstrickung zu erfahren, und ließ seine Frau deshalb am Leben. Seine Neugier war entfacht, seine Phantasie angeregt, er wollte sich nur zu gern immer wieder von Scheherazade überraschen lassen.

Zwischen ihnen entstand Verbundenheit. Der Legende nach ging das über tausend Nächte, in denen insgesamt zweihundert Geschichten erzählt wurden. Jede davon mit der Kraft, den Sultan träumen zu lassen und den Wunsch in ihm zu entfachen, mehr zu hören und nach und nach auch mehr von der geheimnisvollen Scheherazade in Erfahrung zu bringen. Am Ende gebar Scheherazade dem Sultan ein Kind (so viel Zeit schien neben dem Geschichtenerzählen dann doch noch geblieben zu sein) – und er ließ sie am Leben.

Und heute? Da posten wir umgehend unseren Beziehungsstatus auf Facebook: Single, verheiratet, frisch getrennt. Faszination kann aber nur entstehen, wenn es immer etwas Neues zu entdecken gibt. Und sie verschwindet, wenn ich den anderen permanent mit dem Handy orten kann. Das habe ich kürzlich erlebt: Meine Frau und ich waren mit Bekannten in einem Lokal zum Essen verabredet. Der Mann war schon da, als wir eintrafen, aber als die Ehefrau nach fünf Minuten noch nicht aufgetaucht war, zog der Mann sein Handy aus der Tasche und ortete sie mit einer «Freunde»-App. Sie stand unweit entfernt mit dem Auto an einer überfüllten Kreuzung. Ein Helikopter-Paar, dachte ich. Wie langweilig.

Dabei sind sich Psychologen einig: Zu viel Offenheit führt zur Offensichtlichkeit. Und das gilt nicht nur in Beziehungen und Freundschaften. Zauberkünstlern und Mentalisten geht es nicht anders.

Sie überlegen jetzt womöglich: Ich kann mich doch gegenüber meinem Partner nicht ständig neu erfinden oder ihm jede Nacht eine andere Geschichte erzählen! Sich ihm permanent geheimnisvoll gegenüber zu verhalten scheint doch eine recht mühselige Angelegenheit zu sein.

Die US-amerikanische Psychologin Christiane Kraft Alsop führte eine Studie durch, um den Geheimnissen in Beziehungen genauer auf den Grund zu gehen. Sie wollte von Frauen und Männern wissen, die seit mindestens einem Jahr zusammen waren, ob es Dinge gebe, die sie ihrem Partner verschweigen würden, und ob sie glaubten, dass ihnen ihr Partner Dinge verheimliche. Das erstaunliche Resultat: Gerade in den glücklichen Beziehungen wollten beide Partner gar nicht alles voneinander wissen. Es existierte bei ihnen vielfach eine Schublade, eine Kiste, eine Schachtel, so Kraft Alsop, die jeder Partner für sich beanspruchte und die für den anderen tabu war. Das konnte eine reale Kiste mit Liebesbriefen, Tagebüchern, Bildern und Fotos sein, aber auch die damit verbundenen Erlebnisse, Erfahrungen und Erinnerungen. Kraft Alsop fand ebenso heraus, dass bei den glücklichen Paaren diese Kiste gar nicht geheim war. Meist wusste der Partner davon, aber er hatte sie nie geöffnet – so wie ich Christians Koffer erst öffnete, als er nicht mehr am Leben war. Die Partner gestanden dem jeweils anderen zu, dass er ihnen etwas verheimlicht. Die Psychologin bezeichnete das als ein «relatives Geheimnis» – ein Geheimnis, dessen Existenz wir nicht geheim halten.

Pochen Sie also auf Ihr Recht, ein Geheimnis haben zu dürfen. Denken Sie daran, bestimmte Teile Ihrer Identität für sich zu behalten oder nur nach und nach preiszugeben. Der andere – und das muss nicht nur der Partner sein, dass kann auch ein enger Freund oder eine enge Freundin sein – sollte nicht das Gefühl haben, Sie absolut zu kennen. Wahrscheinlich besteht das Geheimnis in zwischenmenschlichen Beziehungen, so der Journalist Adrian Renner, genau darin: «Sie müssen nicht alle gelüftet werden, aber man sollte nicht so tun, als gäbe es keine.»

Setzen Sie sich hin und wieder eine Maske auf. Dabei geht es nicht darum, sich zu verstecken, um den anderen nicht mit Ihren Schattenseiten zu konfrontieren, die Sie sicher haben. Auch nicht darum, dass in jedem Menschen die Sehnsucht existiert, so geliebt zu werden, wie er wirklich ist, und er sich Masken aufsetzt aus Angst davor, sein wirkliches Ich mit allen Schwächen und Fehlern preiszugeben.

Sorgen Sie auf diese Weise vielmehr dafür, dass Sie nicht so schnell durchschaubar sind. Völlige Durchschaubarkeit führt, ich kann es nicht oft genug betonen, rasch zur Monotonie, zur Einfallslosigkeit, weil die Phantasie nicht mehr in Gang gesetzt wird. Das Feuer erstickt, bevor es angezündet wird. Menschen sind nun einmal sehr viel anziehender, wenn sie geheimnisvoll sind, wenn man nicht alles über sie weiß. Nur dann fangen wir an zu imaginieren, beginnen, den anderen in Tagträume zu verwickeln, bleiben ihm gegenüber neugierig und können von ihm überrascht werden. Nur durch das Verborgene, das wir selbst in uns tragen, haben wir die Möglichkeit, den anderen neu zu entdecken. Nur durch das langsame, inspirierte Erkunden kann echte Verbundenheit entstehen.

Ohne Mitspieler kann ich als Zauberer keinen Trick demonstrieren. Noch nie stand ich allein in einem Raum, habe mir selbst einen Trick gezeigt und mich im Anschluss daran verblüfft gefragt: «Wow, wie habe ich das denn jetzt gemacht?» Ich kenne das Geheimnis, aber für meine Aktionen benötige ich andere, die es nicht kennen – nur so kann dieser geheimnisvolle Moment entstehen, der uns verbindet, ob in der Liebe oder in der Gesellschaft. Meine Kunst braucht das Miteinander. Es ist einer meiner wichtigsten Werte. Ohne ein Miteinander geht gar nichts. Bei jedem Effekt, bei jeder Bühnenshow ist es mein Ziel, dass mein Publikum mit mir gemeinsam für die Zeit der Vorführung in eine andere Welt eintaucht. Eine Welt, in der viel mehr möglich ist als in unserem Alltag. Eine Welt, in der ich scheinbar weiß, was meine Mitmenschen denken. Eine Welt, in der der Zweifel Pause macht. Für dieses zeitweise Ausräumen des Zweifels gibt es sogar einen englischen Fachausdruck: *the suspension of disbelief.*

Ich möchte das Publikum so gut unterhalten, dass es seinen Unglauben für die Dauer meines Auftritts aussetzt. Wenn ich das schaffe, erleben wir einen Moment, in dem ich als Vorführender ein Katalysator bin und die Vorführung mein Publikum verändert zurücklässt. Manche Zuschauer fühlen sich von der Zauberkunst und von der Vorstellung des Unmöglichen derart provoziert, dass sie nicht mit dem Künstler arbeiten, sondern gegen ihn. Sie wollen die Tricks entlarven. Dann ist es meine Aufgabe, die richtige Stimmung zu schaffen, dieses Gefühl der Gemeinschaft und Gemeinsamkeit. Gelingt mir das nicht, kann eine Vorführung zum Wettstreit werden. Sobald das Publikum lediglich wissen will, wie das, was ich mache, funktioniert, sitzt es nicht mehr mit mir im selben Boot. Es ist kein «Wir-Gefühl» vorhanden, sondern eine Konfrontation. Und die zerstört jede Inspiration.

Es gibt aber einen Trick, um Verbundenheit und Zusammenhalt herzustellen, ich nenne ihn «Magic Touch». Berührungen bringen uns näher. Nicht umsonst sagen wir bei etwas sehr Ergreifendem (!), dass es uns berührt. In dem Moment, in dem mich jemand berührt, wird automatisch Nähe hergestellt. Viele Familientherapeuten beschäftigen sich mit dem sogenannten Bonding, also dem Aufbau emotionaler Beziehungen zwischen Menschen. Physische Nähe ist hier ein wichtiger Punkt. Menschen brauchen Nähe, um zu spüren, dass sie gemocht werden. Um Verbundenheit herzustellen, ist sie also unerlässlich.

Spüre ich bei einem Auftritt, dass einer meiner mitwirkenden Zuschauer auf der Bühne unsicher wird, gehe ich augenblicklich zu ihm hin und berühre ihn leicht am Arm, während ich ihn anlächle und meine Instruktionen ruhig wiederhole. Immer wieder stelle ich fest, dass diese Berührung den Zuschauern Sicherheit gibt.

Einen solchen Effekt können Sie auch im Alltag erzielen. Der Magic Touch wirkt in der Partnerschaft, in der Familie, unter Freunden und sogar bei Arbeitskollegen. Besonders im beruflichen Umfeld kommt es natürlich auf das generelle Verhältnis zu dem jeweiligen Kollegen an. Und der Zeitpunkt muss auch stimmen!

Kürzlich wurde ich auf der Abendveranstaltung einer großen Firma von einer bekannten Fernsehmoderatorin mit den Worten angekündigt: «Und jetzt kommt ein Mann, vor dem Sie Angst haben sollten. Er wird Ihre größten Geheimnisse offenbaren.»

Wie bitte?!

Ich hatte der Moderatorin einen ganz anderen Text für die Ankündigung gegeben. Aber gesagt ist gesagt. Worte wie die der

Moderatorin haben eine starke Wirkung. Sie säen Angst und Unsicherheit. Und diese Emotionen sind, gemeinsam mit der Wut, die größten Hindernisse auf dem Weg zu Verbundenheit. Ein Gefühl der Verbundenheit kann nur in dem Maß wachsen, in dem Wut oder Furcht abnehmen, denn diese negativen Gefühle sorgen in unseren Gedanken für Voreingenommenheit. Wir beginnen zu urteilen, zu werten. Und je stärker wir urteilen, desto weniger Verbundenheit können wir aufbauen.

An diesem Abend war es eine Herausforderung, das Publikum zu mir ins Boot zu holen. Als Erstes musste ich die Erwartungen der Zuschauer wieder in die richtige Bahn lenken, weg von diesem kontraproduktiven «Er ist gegen euch und will euch etwas Böses». Und *richtige Bahn* hieß: Den Zuschauern von der ersten Sekunde an mit allen mir zur Verfügung stehenden Mitteln das Gefühl zu geben, dass wir den gegenwärtigen Augenblick in Freude miteinander teilen.

Was war zu tun? Ich entschloss mich, die Worte der Moderatorin zu neutralisieren, begrüßte das Publikum freundlich und erklärte, alle könnten beruhigt sein: Ich sei eingeladen worden, um den Anwesenden einen tollen Abend zu bereiten. Bei mir würde es um gute Laune, Unterhaltung und Inspiration gehen, gemeinsam würden wir Geheimnisvolles erleben. Das reichte, um die verstörende Wirkung der Ankündigung aufzuheben. Zu meinem Glück.

Trete ich also vor ein Publikum und möchte Verbundenheit herstellen, ist es durchaus sinnvoll, nicht nur mir selbst, sondern auch meinen Zuschauern zu sagen, dass ich mich auf die Zeit mit ihnen freue. Diese Worte sind keine leeren Floskeln, sie sind ein wichtiges Hilfsmittel, um ein Gefühl von Gemeinschaft zu erzeugen. Ich verstärke damit die guten Gefühle im Publikum. Hätte ich nicht dagegengesteuert, die Bewertung der Moderatorin hätte

allein gereicht, dass sich die negativen Empfindungen weiter aus-
gebreitet hätten.

Nur wem es gelingt, echte Verbundenheit zu anderen herzustellen, schafft es, dem Negativen weniger Raum zu geben. Wir
wollen ja ein gelingendes Leben. Ein Leben mit Liebe und Gefühlen. Und das ist das Geheimnis glücklicher Menschen.

GEHEIMNISVOLL FLIRTEN

Werden wir doch einmal konkret. Was heißt das alles fürs Daten?
Hier ein paar Tipps für einen guten Flirt von einem Zauberkünstler, damit sich aus einem unverbindlichen Flirt einmal wahre Verbundenheit entwickeln kann:

- Treten Sie selbstbewusst auf – dadurch überlegt Ihr Gegenüber, wie Sie es wohl geschafft haben, so konsequent und
  selbstsicher zu werden.
- Jeder kämpft bei einem Date um Aufmerksamkeit, sehnt
  sich nach Beachtung. Wer das jedoch zu offensichtlich ein-
  fordert, erfährt oft Ablehnung. Wirken Sie lieber vielschichtig, erzählen Sie in Andeutungen. Ein Beispiel. Früher wurde ich oft gefragt, ob jeder lernen könne, was ich mache. Oft
  antwortete ich: «Das kann jeder lernen, der bereit ist, den
  Preis dafür zu zahlen.» Ich habe die Frage beantwortet, aber
  gleichzeitig eine neue Schublade geöffnet. Unweigerlich
  fragt sich mein Gegenüber: «Oh, welcher Preis mag das
  wohl gewesen sein?» So hält man Gespräche in Gang und
  vermeidet unangenehme Gesprächspausen. Heute gebe ich
  eine andere Antwort – aber die verrate ich Ihnen nicht.
- Wirken Sie wie eine Zwiebel mit mehreren Schichten, kommen Sie verführerisch rüber, denn der andere möchte hin-

ter Ihre Fassade blicken, das treibt ihn an. Wer so auftritt, signalisiert: Du siehst nur die Oberfläche. Tief im Innern liegen vielleicht ganz andere Dinge verborgen. Dieses Geheimnis fesselt, die Komplexität eines Charakters weckt Interesse. Natürlich nur dann, wenn Ihre «Zielperson» dafür empfänglich ist.

· Versuchen Sie auf einen eigenen Stil bei Ihrer Kleidung zu achten, sodass Sie nicht gleich in eine Schublade gepackt werden, à la typisch Businessman, typisch Kreative.

WIE GEHEIMNISSE DIE LIEBE AUFFRISCHEN

Einen kleinen Trick, um bereits bestehende Partnerschaften spannend zu gestalten, möchte ich Ihnen jetzt verraten – er spielt mit Magie, und ich liebe ihn ganz besonders: den Badezimmerspiegel-Trick. Sie können ihn problemlos nachmachen. Stellen Sie sich vor, Ihre Partnerin duscht gerade im Bad. Sie hat sogar die Tür abgeschlossen, weil sie ungestört sein möchte. Nach einer Weile stellt sie den Wasserhahn ab. Sie schiebt nun den Duschvorhang beiseite und greift zum bereitliegenden weißen, flauschigen Frotteehandtuch und wickelt sich darin ein. Um die nassen Haare drapiert sie ein zweites Handtuch, ein kleineres. Es soll ja nichts auf den Fußboden tropfen. Ist das geschehen, erfolgt unweigerlich ein Blick in den Spiegel. Natürlich ist er noch beschlagen, aber was steht da, wie mit Geisterhand geschrieben? «Guten Morgen, meine Süße.» Der Mund steht offen. Niemand kann das Badezimmer während des Duschens betreten haben, der Raum ist doch abgeschlossen, oder? Ihre Partnerin drückt auf die Klinke, ja, die Tür lässt sich nicht öffnen. Doch was ist hier passiert? Wieso steht diese Nachricht am Spiegel?

Tja. Um diese Botschaft zu schreiben, müssen Sie nicht durch Wände gehen oder sonstige Fähigkeiten beherrschen. Der Trick funktioniert äußerst einfach, genau darin liegt sein Charme: Nehmen Sie ein Wattestäbchen zur Hand, machen Sie es nass, dann nehmen Sie mit dem Watteteil etwas von Ihrer Seife am Waschbecken auf. Schreiben Sie nun die Worte auf den Spiegel, die Ihnen auf dem Herzen liegen. Am Anfang können Sie diese noch lesen, aber sobald das Geschriebene getrocknet ist, sind sie scheinbar verschwunden – wie bei der Zaubertinte, die Sie vielleicht noch aus Kindheitstagen kennen. Erst wenn jemand duscht und in Folge der Spiegel beschlägt, kommen die Worte wieder zum Vorschein: Die Stellen, die Sie mit der Seife versehen haben, beschlagen nicht.

Eines Abends schrieb ich bei einem unserer unzählbaren Hotelaufenthalte meiner Frau folgenden Satz auf den Spiegel: «Schöner Hintern! Kaffee?» Natürlich wollte sie das, als sie die Frage nach dem Duschen am nächsten Morgen entdeckte. Mein Vorhaben hat geklappt, und es war ein schöner Moment.

Es gibt noch weitere solcher kleinen überraschenden Tricks, damit Sie für den anderen geheimnisvoll bleiben. Auch hier können wir von den Magiern lernen. Unter ihnen gibt es eine weitere Regel, die eng mit dem «Bleibe geheimnisvoll» verbunden ist: «Wiederhole dich nie, wenn du verzaubern willst!» In dem Moment, in dem der Zuschauer das Ende kennt, geht nämlich ein Teil der geheimnisvollen Aura verloren. Das ist wie bei einem Witz, dessen Pointe bereits bekannt ist. Die Luft ist dann raus.

Man kann sich also das Lesen etlicher Beziehungsratgeber sparen, wenn wir diese beiden Regeln der Zauberkunst auf unser Leben übertragen: Bleibe geheimnisvoll und wiederhole dich nicht. Nur über Unerwartetes sind wir verblüfft. Aus diesem Grund ändere ich auch immer wieder mein Repertoire. Aus diesem Grund verhalte ich mich nie gleich gegenüber meiner Frau. Überrasche meine Kinder damit, dass ich etwas tue, das sie nie für möglich gehalten haben – etwa das Unkraut in unserem kleinen Gewächshaus im Garten zupfen.

Wissenschaftliche Studien haben nachgewiesen, wie sich ein solches Verhalten auf unser neuronales System auswirkt. So hat der Neurologe Irving Biederman aus Los Angeles den Einfluss von Gewöhnung und Überraschendem auf unser Gehirn untersucht. Dafür zeigte er Probanden ein für sie völlig unbekanntes Bild. Beim Anschauen des Fotos sprachen bestimmte Nervenzellen in der Hirnregion besonders stark an, und der Betrachter empfand ein Hochgefühl. Sah er das Bild zum zweiten oder dritten Mal, verstärkte sich die Verbindung der angesprochenen Nervenzellen, und ein Lerneffekt trat ein. Mit jeder weiteren Wiederholung ließ das Glücksgefühl als Folge der Gewöhnung nach. Irving wies damit nach, dass bei neuen, überraschenden Informationen die Hirnzellen durch Glückshormone am stärksten aktiviert werden.

So einfach ist das: Wenn wir überrascht sind, gibt uns das einen Kick.

Das wird vor allem in langen Beziehungen immer wichtiger, denn natürlich lernen wir in einer langjährigen Partnerschaft den anderen sehr gut kennen. Dementsprechend werden Geheimnisse rarer. Damit steigen sie aber im Wert.

DAS GEFÜHLTE GEHEIMNIS VERBINDET

Aber was macht letztlich das Geheimnis Liebe selbst aus, was das Geheimnis eines guten Flirts? Bei alldem, was ich Ihnen erzählt habe, ging es immer wieder um Gefühle, um neu entfachte Emotionen, dass wir überrascht und neugierig werden und so nicht das Interesse an einer Person verlieren. Wesentlich ist dabei die Erkenntnis, dass wir Gefühle teilen. Empfinden wir gemeinsam Verbundenheit, so wird sie mehr. Empfinden wir gemeinsam Freude, so steigert sich auch diese. Dieses Vermehren gelingt uns nicht über das Denken und die Vernunft, denn sie ermöglichen nicht jene Resonanz, die sich durch einen lebendigen Austausch von Gefühlen einstellt. Diese Resonanz wird ganz intuitiv und damit wie von selbst über unser Spiegelzellsystem ermöglicht. Diese Zellen unseres Gehirns steuern nicht nur unsere eigenen Handlungen, sondern erkennen und interpretieren diese auch bei anderen.

Sie kennen das: Eine zu Herzen gehende Szene im Kino kann dazu führen, dass Sie zum Taschentuch greifen. Der Schmerz von jemandem, der Partner oder Liebe verloren hat, lässt Sie mitfühlen. Die Freude von jemandem, der unverhofft eine Glückssträhne erwischt hat, lässt Sie ob seiner Begeisterung lächeln. Gleichsam geheimnisvoll geschieht das, auf diese Weise den Gesichtsausdruck von einem anderen Menschen zu verstehen und mit dem richtigen Gefühl zu verbinden. Und die Spiegelzellen aktivieren, eben spiegelbildlich, unsere eigenen entsprechenden Gesichtszüge und Gefühle.

Mit Hilfe dieser Spiegelzellen nimmt etwa ein Arzt auch Reaktionen an seinem Patienten wahr. Passiert das nicht oder kaum, kann der therapeutische Erfolg ausbleiben. Nimmt er jedoch auch Unausgesprochenes wahr, zum Beispiel Situationen, die jemanden bedrücken, kann durch diese Offenheit für den anderen eine viel größere Heilungszuversicht ausgelöst werden.

Ich erinnere noch an einen Termin bei meinem Hausarzt. Ihm gegenüber klagte ich über Kopfschmerzen, Schlaflosigkeit und eine gewisse Abgeschlagenheit. Nach der Untersuchung nahm er sich noch viel Zeit und fragte auch nach meinen derzeitigen Lebensumständen. Schließlich sagte er, nachdem ich mit meinen Ausführungen fertig war: «Sie haben nichts Körperliches.

Sie brauchen Ruhe. Und den Mut, Prioritäten zu setzen und sich eine Auszeit zu nehmen. Und vielleicht kann Ihnen auch das hier weiterhelfen ...» Mit diesen Worten schenkte er mir ein Buch von Seneca, der höchsten philosophischen Autorität der römischen Kaiserzeit: *Das Leben ist kurz!* Es geht in diesem knappen Buch um den richtigen Gebrauch von Lebenszeit. Seneca vertritt darin die Ansicht, dass allzu ehrgeizige und getriebene Menschen ihre Zeit bei der Jagd nach dem nächsten großen Ziel verschwenden, statt sie für sinnvolle Dinge zu nutzen. Demnach ist das Leben selbst nicht zu kurz, sondern der schlechte Umgang mit der zur Verfügung stehenden Zeit lässt es verkürzt erscheinen.

Ich schlug das Buch auf, und mir sprang sofort ein Satz ins Auge: «Wenn du wünschst, dass ein anderer dein Geheimnis bewahre, dann bewahre es zuerst selbst.» Super. Ich las das Buch, nahm mir die Worte meines Arztes zu Herzen und handelte danach – und alles war wieder gut. Ich musste nicht ein zweites Mal zu ihm. Mit traumwandlerischer Sicherheit hatte er mich richtig behandelt. Er hatte sich in meine Lage versetzt, er hatte mir zugehört, gemerkt, dass ich unter Druck stand, gestresst war und Ruhe und neue Denkanstöße brauchte. Den Spiegelneuronen sei Dank.

TEIL 5

Geheimnisse
bewahren – und
entlarven

Wir wissen nun viel über die Psychologie der Geheimnisse. Wir haben erfahren, welche Auswirkungen sie auf uns haben können und dass sie grundsätzlich zwei Seiten haben: das Geheimnis selbst und das Wissen, dass ein Geheimnis existiert. Das Geheimnis selbst werden wir über gutes Beobachten alleine nicht herausfinden können – die Tatsache aber, ob jemand ein Geheimnis hat, unter den richtigen Umständen schon. Woran kann man erkennen, ob jemand etwas verbirgt? Das erfahren Sie in diesem Kapitel.

MENSCHEN KANN MAN LESEN

«Sag mal, kannst du das eigentlich auch abschalten?» Keine Frage wurde mir so oft gestellt wie diese. Sogar die Sängerin und Moderatorin Ina Müller der es nun wirklich nicht an Selbstbewusstsein mangelt, wurde ganz unsicher, als ich vor einigen Jahren in ihrer Sendung *Inas Nacht* zu Gast war. Die Frage zielt darauf ab, ob ich ständig meine Mitmenschen «lese» und sofort herausfinde, wann sie lügen, oder jedes ihrer Geheimnisse mit einem tiefen Blick in die Augen enthülle.

Privat bin ich allerdings eher schüchtern und zurückhaltend. Abseits der Bühne möchte ich gar nicht der übermenschlich wirkende Lügendetektor und Puppenspieler sein, der seine Mitmenschen durchschaut, als wären sie gläsern, und ihr Verhalten zu seinen Gunsten manipuliert. Aber in meinem Metier bleibt dieses Image wohl nicht aus. Verständlich ist das schon, denn auf der Bühne finde ich versteckte Gegenstände, sorge dafür, dass Zuschauer plötzlich nicht mehr sprechen können, und weiß, welche Frage sich ein Mensch nur denkt.

Doch die Vorstellung, privat eine Rolle spielen zu müssen, damit ich mich kohärent zu meiner Bühnenpersönlichkeit verhalte, finde ich absurd. Nichtsdestotrotz habe ich sehr viel über unbewusste Kommunikation gelernt und nutze sie intensiv. Aber unterliegen Sie bloß nicht der schönen Illusion, dass alles, was Sie von mir auf der Bühne oder auf YouTube sehen, lediglich auf nonverbale Kommunikation und Psychologie zurückzuführen sei! Natürlich nutze ich auch Illusionen und lasse meine Zuschauer in Denkfallen tappen. Das ist Teil des Deals.

Leider ist das gerade ein Trend: zu behaupten, man könne Übermenschliches aufgrund umfassender psychologischer Kenntnisse und Fähigkeiten leisten. Dabei handelt es dabei um Pseudopsychologie. Gerade im Bereich der Vortragsredner gibt es da einige Beispiele. Da bezeichnen sich Menschen als Psychologen, Psychotherapeuten oder Analytiker, die in Wirklichkeit nie Psychologie oder Medizin studiert haben. Auch Begriffe wie «Profiler», «Kriminalist» oder «Geheimagent» werden bis an die Grenzen des Legalen ausgedehnt. Da wird behauptet, man könne andere Menschen nach nur drei Minuten «lesen» und ein «Charakterprofil» erstellen. Dafür müsse die «Zielperson» noch nicht einmal physisch anwesend sein. Ein Foto und ein paar Facebook-Einträge würden reichen. Auch Körperform, Frisur und Brillenmodell werden genauestens analysiert, dadurch könne man Rückschlüsse auf Loyalität und den Umgang mit Geld schließen. Was für ein Unsinn! Das ist nichts anderes als moderne Kaffeesatzleserei. Ich gebe zu, es ist sehr faszinierend, aber das sind Handlesen, Erscheinungen der Jungfrau Maria und Verschwörungstheorien über den 11. September auch.

Schade ist vor allem, dass derartige Behauptungen verwässern, was wirklich möglich ist.

Aber wie kann ich erkennen, ob jemand ein Geheimnis hat? Wie kann ich dieses Geheimnis entlarven? Und wo sind die Grenzen?

Das Lesen und Interpretieren der Körpersprache ist hier gefragt. Und das lernt man am besten, indem man andere ganz genau beobachtet und wahrnimmt.

AUFMERKSAMKEIT SCHENKEN

Der erste Schritt beim Beobachten von Mitmenschen besteht darin, ihnen wirklich Aufmerksamkeit zu schenken. Allein das wirkt in vielen Fällen schon Wunder. Leider ist es momentan eher hip, zwischendurch immer wieder aufs Smartphone zu schauen, statt sich ganz und gar auf sein Gegenüber zu konzentrieren.

Um zum Beispiel auf Partys wichtig zu wirken, müssen wir immer gerade von irgendwoher kommen oder gleich noch irgendwohin gehen. Termine, Termine. Wir denken, wir würden unseren Status steigern, wenn wir gestresst erscheinen. Das ist falsch. Charismatische Menschen leiden nicht unter zu wenig Zeit, sie kontrollieren sie. Schon Sting hat gesungen: «A gentleman will walk but never run.»

Außerdem ist herumstressen selbstbezogen. Wir lernen so nichts Neues. Wenn wir nur von uns erzählen, von unseren vielen Verpflichtungen, von unseren großartigen Treffen mit wichtigen Leuten, wiederholen wir nur Geschichten, die wir schon kennen. Wenn wir uns aber unserem Gegenüber widmen und uns auf es konzentrieren, können wir etwas Neues erfahren. Über es und über uns.

Ein weiterer, wesentlich verbreiteter Irrtum besteht in dem Glauben, es gebe ganz bestimmte und völlig eindeutige verräterische Zeichen dafür, dass jemand ein Geheimnis hat und es verbergen möchte. Oder fürs Lügen. Die gibt es nicht. Was es gibt, das ist eine Verhaltensänderung. Aber ganz von vorne:

Je nach Situation ändern wir uns. Je nach Umgebung können wir offen oder verschlossen sein, laut oder leise. Es kann sein, dass ein extrem zuverlässiger Arbeitskollege von Ihnen zu Hause ständig vergisst, den Müll rauszubringen oder den Rasen zu mähen. Seine Frau würde ihn also eher als unzuverlässig bezeichnen. Untersuchungen haben sogar ergeben, dass Menschen ihr Verhalten ändern, wenn sie eine andere Sprache sprechen. Denn wir verbinden jede Sprache mit den kulturellen Werten, die sie mit sich bringt. Deshalb sind wir tatsächlich ein anderer, wenn wir nach ein paar Monaten aus dem Ausland zurückkommen.

Wie dem auch sei: Das Umfeld beeinflusst uns und unser Verhalten, und das meist, ohne dass wir uns dessen bewusst sind. Dass wir unser Verhalten situationsabhängig anpassen, bedeutet aber auch, dass wir genau nach diesen jeweiligen Veränderungen bei unserem Gegenüber Ausschau halten können. Wenn ich einen Mitwirkenden für ein Experiment aussuche, schaue ich, ob er sich vermehrt bewegt oder unruhig antwortet, wenn ich ihm eine Frage stelle. Ich schaue, ob sich seine Gesichtsfarbe verändert, er blasser wird, wenn ich ihn konzentriert anschaue, und ich höre genau hin, ob seine Stimme höher wird, während er spricht, ob er eine Spur schneller redet und viel zu viele Wörter in zu kurzer Zeit unterbringen möchte. Das sind alles Anzeichen für Stress. Es kann sein, dass der betreffende Zuschauer alle Hinweise zeigt. Dann ist er sicher nicht der Richtige, der Stresslevel wäre bei ihm viel zu hoch. Es kann aber auch sein, dass er nur eines dieser Anzeichen zeigt. Oder er mit offenen Armen und gespreizten Beinen auf seinem Platz sitzt, aber wie irre mit den Beinen wackelt. All das weiß ich vorher nicht, wenn ich aus dem Publikum nach jemandem Ausschau halte. Es gibt auch keine konkrete Checkliste. Ich muss es spüren und denjenigen in der Situation beobachten – und das eben nicht nach vorgefertigten Mustern, im Sinne von: Verschränkte Arme signalisieren Ablehnung und ein nach vorn gebeugter Oberkörper Interesse. So einfach ist es nicht.

Zum aufmerksamen Beobachten gehört außerdem, unsere eigenen Gedanken kurz zurückzustellen. Wollen Sie herausfinden, ob jemand etwas vor Ihnen verbirgt, hilft es, diese Person neutral zu betrachten. Wenn Sie diese nämlich mit einem gewissen (Vor-)Urteil anschauen, etwa, dass dieser Menschen bestimmt etwas vor Ihnen verbergen will, werden Sie nach körpersprachlichen Zeichen suchen, die Ihre Annahmen unterstützen. Andere Zeichen, die möglicherweise auf das Gegenteil hinweisen, werden Sie höchstwahrscheinlich ignorieren. Das kann dann zu völlig falschen Rückschlüssen Ihrerseits führen, was wiederum Ihr Verhältnis zu Ihren Mitmenschen trüben kann. Natürlich ist absolute Neutralität ein nur äußerst schwer zu erreichendes Ideal. Ihre Erfahrungen, Erwartungen und Ansichten werden sich auf die eine oder andere Weise immer bemerkbar machen. Aber das Wissen darum ist der erste Schritt in die richtige Richtung.

In meinen anderen Büchern habe ich bereits vom «Körperleser-Dreisatz» geschrieben: Wahrnehmung – Veränderung – Bedeutung. Der gilt auch beim Entdecken von Geheimnissen meines Gegenübers.

Nachdem wir also versuchen, ihn möglichst neutral wahrzunehmen, achten wir im zweiten Schritt auf die Veränderung unseres Gesprächspartners. Dazu brauchen wir aber einen Richtwert, eine Konstante. Um zu erfassen, wann eine Person ihr Verhalten ändert, muss ich wissen, wie sie in einer bestimmten Situation *normalerweise* reagiert. Weicht sie von diesem bekannten Verhalten ab, kann ich den dritten Schritt des Dreisatzes starten und versuchen, die Bedeutung dieser Verhaltensänderung herauszufinden.

Ein Beispiel: Angenommen, Sie reden mit Ihrem Partner, und er spielt die ganze Zeit an seinen Haaren herum. In diesem Fall wäre es unsinnig, die Geste allein schon als ein Zeichen von Nervosität zu deuten, wie es gemeinhin getan wird. Genauso wenig hilfreich wäre es, seine übereinandergeschlagenen Beine grundsätzlich als Verschlossenheit zu deuten. Zunächst müssen wir immer erst das normale Verhalten einer Person in einer bestimmten Situation beobachten und uns dieses Verhalten merken: Wenn Ihr Partner sowieso den Tick hat, sich regelmäßig durch die Haare zu streichen, ist daran nichts Besonderes. Erst wenn Sie das bisher noch nie bei ihm gesehen haben, kann es ein Zeichen für Nervosität oder Unwohlsein sein, weil er versucht, etwas vor Ihnen zu verbergen.

LÜGEN ERKENNEN

Einige Psychologen und Soziologen haben der Lüge und ihrer Aufdeckung sehr viel Aufmerksamkeit gewidmet; ihre Erkenntnisse können wir auch für unser Geheimnisthema nutzen, denn die Schnittmenge zwischen Geheimnis und Lüge ist groß: Geheimnisse können oft nur gewahrt werden, wenn wir sie durch gezieltes Lügen und bewusstes Täuschen tarnen und damit schützen.

Der österreichische Soziologe und Lügenforscher Peter Stiegnitz hält Lügen für notwendig und gut. Wenn ein Geheimnis geheim bleiben soll, muss man eben manchmal auch lügen. Somit wird die Lüge zu einem Instrument, um sich nicht zu verraten.

Auch Ursula Nuber schreibt in ihrem Buch *Lass mir mein Ge-*

heimnis!: «Die Lüge und das Geheimnis sind Geschwister.» Für viele verursache dieser Fakt Gewissensbisse, weil das moralische Gebot «Du sollst nicht lügen» für uns schon seit der Kindheit gilt. Allerdings lügen wir oft aus Rücksicht auf andere, zur Selbsterhaltung, auch zum Selbstschutz – darüber habe ich ja bereits im ersten Teil des Buches geschrieben.

Wie erkenne ich jetzt aber, ob jemand mich anlügt, etwas vor mir verbirgt? Wenn so oft geschwindelt wird, wie Forscher uns weismachen wollen, sollte es uns ja an Übungsmöglichkeiten nicht mangeln.

Eine der häufigsten Fehlannahmen besteht darin, zu denken, dass der Lügner mir nicht in die Augen schauen kann. Das ist Unsinn. Wir brechen andauernd den Blickkontakt ab, wenn wir miteinander reden. Wir bewegen unsere Augen in alle möglichen Richtungen, zum Beispiel dann, wenn wir nachdenken und nach Informationen in uns suchen. Aufgrund dieser falschen, aber sehr weitverbreiteten Annahme ist es wahrscheinlicher, dass eine Person beim Lügen den Blickkontakt hält – und sich gerade dadurch verrät.

Wie oft ein Mensch blinzelt, kann uns Aufschluss geben, ob er gestresst ist oder nicht. Denn wir suchen beim Beobachten der Körpersprache nicht nach Zeichen der Lüge, sondern nach Zeichen für Stress. Je schwerwiegender nämlich die Lüge ist, desto mehr Stress löst sie in uns aus. Wir erkennen also nicht die Lüge selbst, sondern den Stress, den sie verursacht. Ein sehr verlässliches Zeichen hierfür ist, wie häufig wir blinzeln. Bei zunehmendem Stress blinzeln wir mehr. Zusätzlich zeigt das vermehrte Blinzeln, in welcher Geschwindigkeit wir Informationen verarbeiten. In einem normalen Gespräch blinzelt Ihr Gegenüber ungefähr so oft wie Sie selbst, übrigens meist dann, wenn Sie eine kurze Gesprächspause machen. Die Blinzelrate steigt, wenn Ihr Gegenüber viel überlegt, sich erinnert, sich etwas vorstellt. Kurz: Auch, wenn er ein Geheimnis verbergen will.

Damit sind wir auch schon mittendrin im Beobachten. Welche Dinge können wir noch in den Blick nehmen? Konzentrieren wir uns zunächst auf einzelne Körperbereiche, später wird uns ihr Zusammenspiel interessieren:

KOPF UND GESICHT

Viele Menschen sind der Meinung, das Gesicht sei am besten geeignet, um herauszufinden, ob andere ein Geheimnis verbergen. Klar, im Gesicht können wir die Mimik ablesen, und im Gesicht erkannten unsere Vorfahren schon vor Tausenden von Jahren, ob von einem Fremden Gefahr ausging oder er ihnen friedlich gesinnt war. Allein der Blick ins Gesicht kann verraten, ob wir jemandem besser aus dem Weg gehen sollten oder nicht. Einer fröhlich lächelnden Person müssen wir nicht unbedingt ausweichen, einem zornig blickenden Menschen vielleicht besser schon. Solche Dinge sehen wir intuitiv, es ist ganz natürlich, schon kleine Kinder können Gesichtsausdrücke dementsprechend deuten.

Den Großteil unseres Wissens über unsere Mimik verdanken wir Paul Ekman: Der US-amerikanische Anthropologe und Psychologe ist einer der größten Experten für Mimik und das Lesen von Emotionen in Gesichtern. Er entwickelte mit seinem Kollegen Wallace Friesen das Facial Action Coding System (FACS), das unsere Mimik festhält. Mit Hilfe des FACS kann bestimmt werden, wie sich Gefühle im Menschen manifestieren und nach außen hin sichtbar werden. Die Forschungen von Ekman und Friesen haben gezeigt, wie viel wir von uns über unsere Mimik preisgeben, ohne uns dessen bewusst zu sein. Allerdings sind diese verräterischen Zeichen ohne langes Training nicht zu entdecken. Deshalb ist das Gesicht tatsächlich eine der unzuverlässigsten Quellen, wenn ich erkennen möchte, ob jemand mich belügt oder etwas vor mir verbirgt. Menschen sind für gewöhnlich sehr gut darin, ihren Gesichtsausdruck zu kontrollieren. Sollte es mal eine winzige mimische Veränderung aufgrund einer Lüge geben, kann es sein, dass wir sie allein deshalb verpassen, weil wir in genau demselben Moment geblinzelt haben. Mikromimiken, im Englischen *micro expressions* genannt, sind nicht kontrollierbare Gesichtsausdrücke, die die wahren Emotionen eines Menschen offenlegen. Das kann ein kurzer Ausdruck von Wut oder Angst sein, bevor wir lachen. Wie der Name Mikromimiken schon sagt, sind sie oft mit bloßem Auge nicht zu erkennen, sondern einzig mit viel Übung oder aufgezeichnet in Zeitlupe zu bemerken.

Einfacher ist es, verborgen Gehaltenes wahrzunehmen, wenn Gesagtes und Mimik nicht übereinstimmen, etwa wenn uns jemand erzählt, wie heftig ihn dieses oder jenes Gefühl bestimmt. Drückt aber sein Gesichtsausdruck die besagte Emotion nicht so stark aus wie seine Worte, ist sie wahrscheinlich nur gespielt. Allerdings, auch das schreibt Ekman: Wir tendieren dazu, einem falschen Lächeln nur allzu gern Glauben zu schenken, weil wir uns (ob bewusst oder unbewusst) nicht mit den Folgen der aufgedeckten Lüge auseinandersetzen wollen. Also ignorieren wir oft die sichtbaren Zeichen einer Lüge, die uns eigentlich ins Auge stechen sollten. Was in der Konsequenz nur bestätigt, dass wir Geheimnisse brauchen – und es manchmal lieber einfach nicht so genau wissen wollen.

Ekmans Untersuchungen haben nachgewiesen, dass es einen direkten Zusammenhang zwischen unserer Mimik und unseren Emotionen gibt. Eines beeinflusst das andere. Emotionen im Gesicht zu spielen, also etwas, das wir sonst unbewusst tun, plötzlich mit Absicht hervorrufen zu wollen, ist sehr schwierig. Wenn beispielsweise jemand vorgeben möchte, überrascht zu sein, ist es wahrscheinlich, dass er den Gesichtsausdruck zu lange beibehält. Echte Überraschung blitzt nämlich nur ganz kurz auf, um dann sofort einem anderen Gesichtsausdruck Platz zu machen, zum Beispiel Freude oder Entsetzen, je nach Art der Überraschung. Wenn also jemand länger als ein paar Sekunden überrascht schaut – die Augen aufgerissen, die Augenbrauen gehoben und der Mund geöffnet –, ist die Wahrscheinlichkeit sehr hoch, dass derjenige die Überraschung nur spielt.

Zwischen unseren Worten und unseren Emotionen gibt es einen solchen engen Zusammenhang nicht. Aus diesem Grund können wir mit Worten recht gut lügen. Wer ein FACS-Fachmann ist, kann 80 Prozent aller Lügen entdecken. Das ist eine sehr hohe Trefferquote, vor allem, wenn man sie mit der von Personen vergleicht, die beruflich mit dem Aufdecken von Lügen und Geheimnissen zu tun haben: Polizisten, Richter oder Zollbeamte. Die erreichen lediglich eine Trefferquote von 54 Prozent. Wie wir alle übrigens. Wenn Sie also kein FACS-Fachmann sind, können Sie genauso gut eine Münze werfen ...

VERRÄTERISCHE HÄNDE

Wir reden «mit Händen und Füßen». Die Hände einer Person zu beobachten, während sie spricht, ist sehr faszinierend. Unterstützen die Hände die Worte? Wenn jemand sagt, er habe nichts zu verbergen, dabei aber plötzlich die Hände unter den Tisch oder in die Taschen steckt, kann das ein Hinweis darauf sein, dass Worte und Gedanken nicht zusammenpassen.

Die Hände können wertvolle Anhaltspunkte geben, wie eine Person zu dem Gesprächsthema steht, um das es gerade geht. Nehmen wir an, ein Mensch redet über sich selbst und zeigt dabei auch auf sich. Macht er die Geste nur mit dem Zeigefinger oder zeigt er mit der Handfläche auf den eigenen Brustkorb? Der Finger ist eher ein Zeichen dafür, dass unser Gegenüber dem Thema entweder sehr interessiert gegenübersteht oder davon genervt ist. Den Unterschied können Sie im Gesicht lesen oder an der Betonung raushören. Die Handfläche an der Brust verweist auf Ergriffenheit. Das Zeigen ist generell ein spannendes körpersprachliches Signal. Oft passiert es unbewusst. Kommt es in einem Geschäftsmeeting oder im Gespräch mit dem Partner zu einer Schuldzuweisung, kann es sein, dass der Sprecher unbewusst auf die Person zeigt, die seiner Meinung nach verantwortlich ist für die Schwierigkeiten. Sagt also jemand zu Ihnen: «Ich weiß ja auch nicht, woran das liegen könnte», und zeigt dabei auf Sie, wissen Sie, wem er in Wirklichkeit die Verantwortung gibt. Es kann aber ebenso sein, dass er dabei auf sich selbst zeigt, ohne es zu merken.

Auch wenn jemand zwei Optionen mit den Händen abwägt, kann die Vehemenz der Geste Aufschluss darüber geben, welche Alternative der Redner bevorzugt. «Auf der einen Seite haben wir Möglichkeit A, auf der anderen die Möglichkeit B.» Die Option mit der stärkeren Geste ist die bevorzugte.

Auch im familiären Kontext sind Zeigegesten aufschlussreich. Als ich eins meiner Kinder gefragt habe, ob es meine Schokolade gegessen hat, antwortete es: «Nein, keine Ahnung, wo die sein könnte ...» Die Handfläche wies dabei aber unbewusst in die Richtung, in der noch ein kleiner Rest versteckt war. Das Geheimnis habe ich dann sofort gelüftet und die Schokolade aufgegessen.

Lügen bedeutet für uns, sofern wir es nicht eingeübt haben, immer Stress. Daher können Stresssignale der Hände uns sehr wertvolle Hinweise geben, ob jemand vor uns ein Geheimnis verbergen will. Typisch ist hier ein Trommeln mit den Fingern auf dem Tisch, der Stuhllehne oder auf dem Bein. Wenn Sie das beobachten, können Sie davon ausgehen, dass Ihr Gesprächspartner nicht weiter über die Sache reden möchte. Vielleicht will er auch gehen. Wenn jemand mit den Fingern trommelt, während er sagt: «Ich könnte dir noch stundenlang zuhören», benutzt er eine altruistische Lüge. Egal welches Motiv er für sein Trommeln hat, er wird Ihnen nicht mehr zuhören. Das bedeutet aber nicht, dass Lügner grundsätzlich nervös herumzappeln. Es kann auch sein, dass sie sich *weniger* bewegen als normal, weil sie wissen, dass jede Geste ihr Geheimnis verraten könnte. Wie gesagt: Es geht immer um Veränderung!

BEINE UND FÜSSE

Eine Person kann sich auch über die Füße verraten. Fußspitzen können die Richtung anzeigen, in die jemand am liebsten laufen würde, anstatt weiter mit Ihnen zu reden. Ich habe auch schon beobachtet, wie Personen im Sitzen den rechten Fuß auf ein imaginäres Gaspedal drückten, wenn sie sich unwohl fühlten. Das waren immer Autofahrer.

Sind die Beine gekreuzt, wenn Sie mit jemandem reden? Öffnen sie sich bei gewissen Themen und verschließen sich bei anderen? Das können verlässliche Signale der Offenheit oder Verschlossenheit gegenüber einem Thema sein. Es kann sehr gut sein, dass eine Person vorgibt, kein Interesse an Ihnen zu haben, aber den Oberkörper in Ihre Richtung öffnet und die Beine nicht übereinanderschlägt, wenn Sie reden. Dann ist es gut möglich, dass das Desinteresse nur gespielt ist. Genauso gut kann es sein, dass Ihr Gesprächspartner vorgibt, von Ihren Plänen absolut begeistert zu sein, dabei aber die Beine überkreuzt und die Arme verschränkt.

SCHULTERN

Sind wir mit jemandem auf einer Wellenlänge, ist es wahrscheinlich, dass wir unbewusst unsere Körpersprache synchronisieren. Wir nicken, wenn der andere nickt, und der andere lehnt sich zurück, wenn wir uns zurücklehnen. Wir folgen einander, ohne es zu merken. Körpersprachenballett.

Gerade im Stehen lohnt sich diesbezüglich ein Blick auf die Schultern. Sind sie parallel, ist alles paletti. Wenn jetzt aber jemand nicht Ihrer Meinung ist, während Sie sprechen, kann es gut sein, dass er als nonverbales Signal eine Schulter leicht nach vorne dreht. Macht derjenige die Geste, während er selbst spricht, ist es wahrscheinlich, dass er seinem eigenen Argument nicht richtig traut – oder dass er lügt.

All diese Signale spielen immer im Kontext eine Rolle und sollten nicht isoliert voneinander gesehen werden. Körpersprache und vor allem die unbewussten Signale sind eher ein Symphonieorchester, da gibt es keine Solisten. Deshalb bemerken wir es, wenn bei diesem ansonsten harmonischen Zusammenspiel etwas aus der Reihe tanzt.

SPRACHE

Körpersprache ist ein faszinierendes Thema. Tatsächlich ist die Faszination so groß, dass wir manchmal vergessen, dass wir auch auf verbale Hinweise für ein Geheimnis oder eine Lüge achten können. Umgekehrt vergessen viele Menschen auf ihre Sprache zu achten, wenn sie sich nicht verraten wollen, weil sie sich so sehr auf ihre Körpersprache konzentrieren. Sprache und die damit verbundenen verräterischen Signale werden ein wenig stiefmütterlich behandelt. Es ist an der Zeit, ihr mehr Aufmerksamkeit zu widmen.

VERRÄTERISCHE WORTWAHL

Lügt ein Mensch, kann es sein, dass er sehr detailreich und ausführlich erzählt. Er denkt sich etwas aus, und um Zeit zu gewinnen oder abzulenken, schmückt er seine Geschichte mit unnötigen Details aus. Wenn Sie denjenigen bitten, das Erzählte zu wiederholen, wird er wahrscheinlich gerade diese Details in aller Genauigkeit repetieren. Wer nicht lügt, fängt an zu variieren.

WENIGER «ICH»

Gewöhnlich reden wir viel über uns selbst. Dabei benutzen wir oft das Personalpronomen «ich». Um jedoch eine verbale Distanz zwischen uns und dem Geheimnis zu schaffen, vermeiden wir in solchen Momenten Worte, die sich direkt auf uns beziehen. Achten Sie also darauf, ob Ihr Gegenüber weniger eine ichbezogene Sprache benutzt und Wörter wie «ich», «mein» oder «mir» vermeidet und durch «man», «jeder» oder «niemand» ersetzt: «Niemand hat die Absicht, eine Mauer zu errichten.»

AUSWEICHENDE ANTWORTEN

Der Lügner stürzt sich in seinen Antworten auf unbedeutende Nebenschauplätze, schwadroniert über völlig irrelevante Aspekte oder gibt Anschuldigungen mit nahezu identischen Worten zurück. Zwei Beispiele:

    A: «Jetzt weich nicht aus.»

    B: «Ich weiche nicht aus, du weichst die ganze Zeit aus!»

    A: «Du hast dich nicht an den Deal gehalten.»

    B: «Was für ein Deal soll das sein? Du meinst, ich sei unzuverlässig. Dabei hast du doch kürzlich selbst ...»

Mit dieser Strategie versucht der Lügner das Thema in eine andere Richtung zu lenken.

«UM GANZ EHRLICH ZU SEIN …»

Um die Lüge besser zu verschleiern, benutzen Lügner oft Satzfragmente wie «Um ganz ehrlich zu sein …» oder «Du wirst es nicht glauben».

SPRACHTEMPO

Etwas krampfhaft geheim zu halten ist eine extrem komplexe Sache. Wir achten auf unsere Körpersprache, versuchen ruhig zu bleiben, erfinden Ausreden oder gar eine ganze Geschichte – und das alles tun wir, während wir sprechen. Da wir nicht mehrere Gedanken gleichzeitig verarbeiten können, ist es gut möglich, dass wir langsamer reden als sonst, während wir uns eine Lügengeschichte ausdenken. Auch Fülllaute wie «ähm», «mmh» oder «äh» werden häufiger benutzt. Da wir unsere Worte beim Lügen genau wählen, ist es weiterhin möglich, dass wir ein wenig förmlicher sprechen und uns plötzlich gewählter ausdrücken.

STIMME

Wenn wir etwas betonen möchten, sprechen wir lauter und mit einer höheren Stimme. Wenn wir zu etwas Gesagtem Abstand aufbauen wollen, sprechen wir dagegen tiefer und ein wenig langsamer oder auch mal leiser. Sagt also jemand, dass ihn etwas nicht interessiert oder dass er nichts damit zu tun hat, und spricht dabei aber in höherem Tonfall als gewöhnlich, kann das ein Indiz für eine Lüge sein.

All diese Paramater, auf die wir achten können, sind lediglich Anhaltspunkte. Wie bei den körperlichen Hinweisen gilt auch hier:

Sie sind keine Anzeichen für eine Lüge – sie sind Anzeichen für Stress. Es kann sein, dass jemand diese Zeichen zeigt und die Wahrheit sagt. Vielleicht ist die Person ja aus anderen Gründen gestresst. Das wissen wir nicht.

Nochmals: Die durchschnittliche Trefferquote beim Entdecken einer Lüge liegt bei Polizisten ungefähr bei fifty-fifty. Eine Garantie, eine Sicherheit gibt es nicht, um hinter Geheimnisse zu kommen. Es macht dennoch großen Spaß, auf diese Dinge zu achten, denn auf diese Weise können Sie auch dem langweiligsten Gesprächspartner noch etwas abgewinnen, weil Sie – im Geheimen! – beobachten, ob das, was er sagt, zu dem passt, wie er sich verhält.

VERTRAUEN AUFBAUEN

Generell sollten wir uns aber nicht nur auf unser Gegenüber konzentrieren, wenn wir von ihm eine vertrauliche Information herausfinden wollen. Schließlich liegt es sehr oft doch nur an uns, ob jemand die Wahrheit sagt oder nicht.

Überlegen Sie sich doch selbst einmal, unter welchen Umständen Sie Geheimnisse preisgeben: Wann vertrauen Sie sich einem anderen an? Dann, wenn Sie davon ausgehen können, dass Ihr Geheimnis bei dieser Person gut aufgehoben ist. Sie vermitteln dem anderen damit gleichzeitig, welchen Stellenwert er für Sie hat: «Unter allen Menschen habe ich dich ausgewählt, um es mit dir zu teilen.»

Wenn Sie also möchten, dass Ihnen jemand sein Geheimnis anvertraut, besteht der richtige Weg oft einfach darin, eine Person zu sein, der man Geheimnisse anvertrauen kann. Und ob jemand Ihnen vertraut oder nicht, liegt weniger an dem anderen als viel mehr an Ihnen selbst! Drohe ich meinen Kindern und mache ihnen Angst, werden sie den Schutz eines Geheimnisses eher suchen, als wenn ich offen und verständnisvoll bin. Das ist ein weiterer Schlüssel zum Lüften von Geheimnissen!

Vertrauen bauen Sie auf, indem Sie Ihre Frage nach einem bestimmten Sachverhalt begründen: «Ich frage, weil ich dir helfen möchte.»

Formulieren Sie dabei «Ich»-Botschaften. «Ich frage, weil ich glaube, dass dich etwas umtreibt.» Fragen Sie indirekt. Benutzen Sie keine Aussagen wie: «Du bist so verschlossen.» Oder: «Du sagst immer so merkwürdige Sachen wie ...» Anschuldigungen helfen sowieso nicht weiter. Am besten ist es, wenn Sie Ihr eigenes Gefühl ausdrücken: «Ich fühle ...»

Empathie zeigt sich auch darin, das Gegenüber nicht mit einer Vermutung zu konfrontieren, sondern sich dem Geheimnis langsam anzunähern. Vor allem, indem Sie Mitgefühl zeigen und – je nach Art des vermuteten Geheimnisses – Ihre Unterstützung anbieten und somit demonstrieren, dass Sie bereit sind, Verantwortung zu teilen.

Eine sehr gute Möglichkeit besteht bereits im erwähnten Magic Touch. Man kann hier auch von einem emotionalen Spiegeln, einer emotionalen Empathie sprechen, einem aktiven Zuhören, einem innerlichen Berühren. So können wir uns in nahezu jedes Gegenüber hineinversetzen und bei ihm das Gefühl aufkommen lassen, dass es verstanden wird. Freude und auch Schmerz unserer Mitmenschen – all das kann gespiegelt werden.

Wenn Sie sich vertrauenswürdig verhalten und spüren, dass Ihr Gegenüber kurz davor ist, sich zu öffnen, kann es im letzten Schritt auch sinnvoll sein, eine willkürliche Behauptung aufzustellen: «Und da bist du dann schwach geworden und hast ...» Damit nehmen Sie Ihrem Gegenüber die große Hürde des Beginnens.

Sie fangen den Satz an, bauen eine verbale Brücke und öffnen die Tür. Der Betroffene muss dann nur noch durchgehen. Das ist für denjenigen viel einfacher, als selbst mit dem anzufangen, sozusagen im Leerlauf, was ihn beschäftigt, was als Geheimnis in ihm rumort.

Wollen Sie Vertrauen hervorrufen wollen, hilft es, vertrauenswürdig zu sein. Zeigen Sie Verständnis und sichern Sie dem anderen Ihre Verschwiegenheit zu. Das auch ist einer der Hauptgründe, warum Menschen Psychologen, Pastoren, gar Anwälten mehr erzählen als den eigenen Freunden oder Verwandten. Sie wissen, dass ihr Geheimnis bei ihnen gut aufgehoben ist – auch weil diese Personen durch ihren Beruf zum Schweigen verpflichtet sind.

EIN GEHEIMNIS BEHALTEN ODER WEITERERZÄHLEN?

Sie tragen etwas mit sich herum. Alles ist schwer. Selbst kurze Strecken kommen Ihnen unendlich lang vor. Sie haben den Eindruck, Ihr ganzes Leben dreht sich nur noch um diese eine Sache. Um sie zu verschleiern, haben Sie Nebelkerzen gezündet, Sie haben gelogen und sich mit Halbwahrheiten durch Erklärungsnöte gewunden wie ein Aal. Wenn Sie versuchen, die dunklen Gedanken zu verdrängen, kommen sie nach wenigen Augenblicken nur umso gewichtiger zurück. Sie stecken in Tolstois Bärenfalle.

Sie haben ein Geheimnis.

Ein schweres, keines der guten Art.

Dann lesen Sie auch noch dieses Buch, in dem ich Ihnen allen Ernstes weismachen möchte, dass Geheimnisse eine gute Seite haben. Sie denken vielleicht: Der hat sie doch nicht mehr alle.

Es stimmt natürlich: Auch wenn der positive Effekt von Geheimnissen in diesem Buch im Fokus steht, gibt es sie, die üblen Geheimnisse. Das habe ich bereits thematisiert.

Gehen wir also davon aus, Sie haben also ein Geheimnis, über das Sie nicht länger schweigen möchten. Die Bürde wird zu groß. Sie möchten sich jemandem anvertrauen. Aber ist das erlaubt? Darf ich mein Geheimnis mit jemanden teilen? Was wird passieren, wenn es nicht mehr mir alleine gehört? Das ist natürlich eine Frage der Moral.

Grundsätzlich ist bei einer solchen Beichte entscheidend, ob es sich dabei um Ihr eigenes Geheimnis handelt oder um das eines anderen. Betrachten wir zunächst den ersten Fall: Sie haben ein Geheimnis, das Sie betrifft und das Ihnen gehört. Und Sie möchten es mit einer Person teilen.

Zunächst können Sie überlegen, wie lange Sie das Geheimnis noch bewahren können. Meine Frau und ich arbeiteten 2002 mit Geschäftspartnern zusammen, die uns direkt nach der offiziellen Firmengründung, noch im Büro des Notars, zu verstehen gaben: «So, jetzt sind Kinder aber erst einmal gestrichen! Jetzt gibt's keine Schwangerschaft.» Mal ganz abgesehen davon, dass es sich bei einem frischverheirateten Ehepaar mit Kinderwunsch hierbei um eine völlig idiotische Aussage und einen viel zu tiefen Eingriff in unsere Privatheit handelte, gab es ein weiteres (noch) kleines Detail: Meine Frau war zu dem Zeitpunkt bereits im dritten Monat schwanger. Wir lösten die Firma noch am selben Tag wieder auf. Das hätten wir nach dieser Ansage aber auch ohne die Schwangerschaft getan.

Worauf ich hinauswill: Wenn Ihr Geheimnis darin besteht, dass Sie schwanger sind oder etwa einen neuen Job angenommen haben, klärt sich der Zeitpunkt, an dem es gelüftet wird, irgendwann von selbst, ohne Ihr Zutun.

Zeit ist nicht selten ein entscheidender Faktor, denn einige Geheimnisse verlieren mit den Monaten oder Jahren, die ins Land streichen, an Bedeutung. Womöglich ist es sinnvoll zu warten, bis Gras über die Sache gewachsen ist.

Wenn Sie sich jedoch entschlossen haben, Ihr Geheimnis offenzulegen, sollten Sie sich überlegen: Was macht das mit der Person, der Sie sich anvertrauen möchten?

Das ist eine zentrale Frage! Es geht nicht immer nur um uns.

Unter Umständen kann das Weitererzählen aus sehr egoistischen Motiven erfolgen, denn nicht jedes Geständnis ist moralisch einwandfrei. Verraten wir einem Menschen unser Geheimnis, schenken wir dem anderen nicht nur unser Vertrauen. Wir schieben ihm gleichzeitig einen Teil unserer Last zu. Haben wir etwas getan, wovon wir wissen, dass es den anderen verletzt, und brechen dann unser Schweigen, ist zu bedenken: Haben wir das eventuell nur getan, um damit unser eigenes Gewissen zu erleichtern? Das wäre doppelt unfair: Zunächst haben wir hinter dem Rücken einer Vertrauensperson etwas getan, das sie kränkt, und dann reden wir mit der betroffenen Person nur deshalb darüber, damit es uns selbst besser geht. Wir benutzen den anderen, um unser schlechtes Gewissen zu entlasten, aber auch als erweitertes schlechtes Gewissen. Letztlich kommt es auf dasselbe raus: Indem wir ein Geheimnis teilen, erleichtern wir uns.

Ist dem nicht so, sollten wir natürlich trotzdem genau überlegen, in wessen Hände wir unser Geheimnis legen. Wer ist wirklich vertrauenswürdig? Welche Erfahrung haben wir mit dem potenziellen Mitwisser gemacht? Hat sich die Person in der Vergangenheit als vertrauenswürdig erwiesen? Hat sie bei anderen Themen Stillschweigen bewahrt? Konnten wir uns ihrer Solidarität sicher sein? Hat Sie uns verurteilt?

Bei all der Last haben Sie immer einen Vorteil: Es ist Ihr Geheimnis – Sie können darüber bestimmen. Diese Gewissheit kann

Ihnen das Gefühl eines totalen Kontrollverlusts nehmen. Geben Sie sich Zeit. Überlegen Sie gründlich, was ein Vertrauensbruch Ihres Mitwissers für Sie bedeuten würde. Mit welchen Konsequenzen müssten Sie rechnen?

Wenn Sie sich offenbaren wollen, erzählen Sie dem anderen von der Bedeutung des Geheimnisses, *bevor* sie es ihm beichten. Nur so geben Sie ihm die Chance, auszuweichen und Ihnen gegebenenfalls zu erklären, dass er davon nichts wissen will.

Und: Haben Sie beschlossen, jemanden ins Vertrauen zu ziehen, dann planen und üben Sie. Bei einer derart wichtigen Entscheidung sollten Sie in Ruhe entscheiden, was genau Sie sagen wollen, wie viel Sie offenlegen und was Sie von dem anderen erwarten. Sie kennen das von den Grundsätzen der Illusion: üben und immer wieder üben. Spielen Sie alle Möglichkeiten gedanklich durch. Was erzählen Sie, welche Worte benutzen Sie? Wie könnte der andere reagieren? Und wenn Sie das alles gemacht haben, folgt der letzte Grundsatz der Illusion: Sei bereit.

Möchten Sie hingegen ein Geheimnis für sich behalten, ist es wesentlich, dass Sie sich bewusst werden, *warum* Sie dieses Geheimnis haben möchten. Friedrich Nietzsche sagte einmal: «Wer ein Warum zum Leben hat, erträgt fast jedes Wie.» Wenn Sie wissen, warum es wichtig ist, dieses Geheimnis zu wahren, werden Sie wahrscheinlich auch mit ihm umgehen können.

Der häufigste Grund ist Schutz. Meine Tochter schützte ihren Song, der Koch sein Rezept und der Zauberkünstler seine Show.

Wenn Sie hadern oder Schwierigkeiten haben, ein Geheimnis zu wahren, überlegen Sie: *Warum* ist es sinnvoll, das Geheimnis zu haben? Oder andersherum: Was wäre so schlimm daran, würde man es lüften?

Wir denken oft, etwas nicht zu wissen wäre wie falsches Wissen. Wissen wäre immer die bessere Option. Auf das Geheimnis angewendet, bedeutet das, dass ein gelüftetes Geheimnis nicht zwangsläufig für echtes Wissen sorgt. Möglich ist nämlich, dass ein aufgedecktes Geheimnis beim anderen für ein falsches Verständnis sorgt. Sicher, bei problematischen Fällen gehört die Wahrheit ans Licht. Wenn Firmen oder Einzelpersonen Geld waschen und Steuern vermeiden, ist es richtig, dass Panama Papers veröffentlicht werden.

Aber auch eine Enthüllung führt nicht unbedingt zu einem vollständigen Wissen. Wenn im Fernsehen ein Magier mit Maske die «größten Tricks der Magier» enthüllt – wird der Zuschauer hier wirklich informiert? Oder sorgt er dafür, dass der Zuschauer mit halbem oder sogar mit falschem Wissen abgespeist wird?

Stellen Sie sich folgende Frage: Wenn Sie Ihr Geheimnis lüften, kennt dann Ihr Gegenüber wirklich alle Aspekte, die zu dem Geheimnis geführt haben? Hat er nach der Enthüllung alle Informationen, um einschätzen zu können, wie sich die Angelegenheit wirklich für Sie darstellt?

Falls nicht, dann sorgt Ihr Geheimnis bei dem anderen zwangsläufig für falsches oder halbes Wissen. In dem Fall behalten Sie es vielleicht besser für sich. Dann ist Nichtwissen wahrscheinlich die bessere Option.

Und manchmal ist es einfach auch so: Sie selbst haben keinerlei Einfluss darauf, ob ein Geheimnis gewahrt bleibt oder nicht. Dazu fällt mir folgende Episode ein: Vor einem Jahr hatten alle meiner Kinder einen Fidget Spinner. Das ist ein handtellergroßer, dreizackiger Propeller mit einem Kugellager in der Mitte. Lässt man den Propeller richtig rotieren, kann man das Gerät auf den Finderspitzen balancieren. To fidget ist Englisch und heißt auf Deutsch so viel wie «zappeln» und spinner heißt, dass das Gerät sich dreht. Ein Drehspielzeug für einen Zappelphilipp. Das Spielzeug wurde vermarktet als Instrument zur Stressreduktion, einige Hersteller sahen in ihm auch einen therapeutischen Nutzen bei einer Aufmerksamkeitsdefizit-Hyperaktivitätsstörung (ADHS). In unserem Bekanntenkreis hatten fast alle Kinder mindestens einen Fidget Spinner. Ein Riesenerfolg für die Spielzeugindustrie. Erfunden wurde das Gerät aber nicht von der Entwicklungsabteilung eines Spielzeuggiganten, sondern von Catherine Hettinger, einer Frau aus Florida. Sie entwarf den ersten Fidget Spinner bereits Anfang der neunziger Jahre und meldete ihn 1993 als Patent an. Als dieses 2005 erneuert werden musste, konnte sie die erforderliche Gebühr von rund 300 US-Dollar nicht aufbringen und hatte von nun an keine Rechte mehr an ihrer Erfindung. Ein paar Jahre später wurde das Spielzeug von Spielzeugherstellern produziert und schlug ein wie eine Bombe. Hettinger verdient an ihrer Erfindung bis heute keinen Cent.

Was hatte sich geändert?

Der Zeitpunkt, die handelnden Personen und die Mittel.

Anfang der neunziger Jahre war offensichtlich nicht der richtige Zeitpunkt für das Spielzeug, um zum Trend zu werden. Zwanzig Jahre später fiel die Erfindung auf fruchtbaren Boden. Die Situation hatte sich geändert. Kinder mit Konzentrationsstörungen waren plötzlich ein großes Thema. Außerdem waren andere Leute für die Produktion und Vermarktung zuständig, Fachleute, die wussten, wie Werbung und Vermarktung funktioniert und wie man Bedürfnisse beim Kunden weckt. Diese Leute hatten ganz andere Mittel zur Verfügung. Es mangelte ihnen nicht an 300 US-Dollar für ein Patent oder an Geld, um das Marketing in Schwung zu bringen und seine Strategien effektiv zu nutzen.

Was können wir vom Fidget Spinner lernen?

Ob ein Geheimnis gewahrt bleibt oder nicht, hängt nicht nur von Ihnen ab. Es gibt, wie beim Fidget Spinner auch, Faktoren, die Sie beeinflussen, und andere, die Sie nicht kontrollieren können.

Da ist zunächst die Situation, die Umstände der Offenbarung. Im richtigen Moment können wir alle cool bleiben. Zu Hause, auf der Couch, können wir wunderbar die Quizfragen im Fernsehen beantworten. Im Studio mit Kameras und unter Zeitdruck sieht das schon ganz anders aus. Unter Druck fällt es uns schwerer, ruhig und bedacht zu bleiben. Dann platzt ein Geheimnis schnell mal unbedacht heraus. Wenn es an der Tür klingelt, der Hund kläfft und gleichzeitig das Telefon vibriert, hören wir uns plötzlich sagen, dass wir es so nie schaffen werden, das romantische Wochenende zum Hochzeitstag zu buchen, mit dem wir den Partner eigentlich überraschen wollten.

Drücke ich auf eine Tube mit Tomatenmark, kommt Tomatenmark heraus. Natürlich. Wir sind manchmal auch nicht anders als die Tube Tomatenmark. Wird auf uns Druck ausgeübt, kommt das raus, was wirklich drin ist. Unter ungünstigen Umständen auch ein Geheimnis.

Wenn ich also weiß, dass ich etwas verbergen möchte, sollte ich Situationen, in denen es brenzlig werden könnte, möglichst meiden. Wir können in solchen Momenten ebenso die Flucht nach vorne antreten. Wenn Ihre Tochter also ganz unschuldig fragt, was man denn an ihrem Geburtstag machen könnte, können Sie im Wissen, dass Sie eine Überraschungsparty für sie geplant haben, sagen: «Da möchte ich nicht drüber sprechen.» Das sind Zauberworte, wenn Sie etwas für sich behalten möchten. Eine einfache Lösung. Gerade in Interviews oder bei Fremden: «Wie geht denn der Zaubertrick?» – «Darüber möchte ich nicht sprechen.»

Auch beim Klatsch kann dieser Satz eine gute Strategie sein. Angenommen, ein Freund hat Sie ins Vertrauen gezogen, und bei Bekannten kommt Tratsch auf: «Hast du schon gehört, der XY soll ...» Sagen Sie dann: «Darüber möchte ich nicht sprechen.» Sie machen Ihren Standpunkt klar: Es wird über einen Freund geklatscht, und das möchten Sie nicht. So laufen Sie auch nicht Gefahr, wie eine Tomatenmarktube zu reagieren. Spätestens bei einer Frage wie «Schatz, liebst du mich eigentlich noch?» kommt diese Zauberformel allerdings an ihre Grenzen.

Der zweite Faktor, den Sie im Griff haben können, sind Mittel und Methoden zum Wahren des Geheimnisses. Wenn ich auf der Bühne einen Trick zeige, weiß ich genau, welche Methode ich wann benutze. So wie der Maler weiß, welche Farben zusammenpassen und welche er vermeiden sollte. Sie sollten die Methoden aber nicht nur kennen, sondern auch anwenden können. Was ist sinnvoll und was nicht? Wissen ohne Handeln ist nutzlos. Sie kennen bereits die Grundsätze der Illusion. Können Sie auch danach handeln?

NO RISK – NO FUN

Ein Geheimnis zu haben birgt immer die Gefahr, aufgedeckt zu werden. Das liegt in der Natur des Geheimen, denn Geheimnisse legen «eine Schranke zwischen die Menschen», so der Soziologe Simmel. «Es beginnt ein Machtkampf. Nichteingeweihte unternehmen Enthüllungsversuche.» So weit das Risiko. Jetzt zum Fun: Es macht Spaß, im Verborgenen ein Buch oder ein Lied zu schreiben oder ein Bild zu malen. Es ist schön, einen Zaubertrick einzustudieren oder sich eine Überraschung für einen geliebten Menschen auszudenken. Aber alles, was wir im Verborgenen machen, kann uns auch um die Ohren fliegen. Den Spaß gibt es nicht ohne Entdeckungsrisiko.

In der wöchentlichen SZ-Kolumne «Gewissensfragen» beantwortet der Publizist Rainer Erlinger Fragen der Alltagsmoral. Naturgemäß geht es hier immer mal wieder um größere oder kleinere Geheimnisse. Eine meiner Lieblingsfragen stammt von einem Leser, der bei einem überaus statusbewussten Kollegen eingeladen war. Weil ihn dessen Statusdenken nervte, brachte er als Gastgeschenk zwei Billigflaschen Wein vom Discounter mit. So weit der Spaß. Der Wein kam jedoch so gut an, dass sowohl der Gastgeber als auch die anderen Gäste ihn nach der Herkunft fragten. Der Gast brachte es nun nicht übers Herz, die Wahrheit über den Wein zu sagen, und bat deshalb Erlinger um Rat. Er wollte von ihm wissen, was in solchen Fällen zu tun sei. Erlingers Antwort: Der billige Wein wurde aus Bosheit ausgesucht. Er sollte den ungeliebten Etepetete-Kollegen bloßstellen, indem er den Fusel nicht als solchen erkannte. Die Rechnung ging ja auch wunderbar auf. Aber die Folgen wurden nicht bedacht. Der Gast hatte am Anfang nicht das Ende im Sinn. Er hat also gleich gegen mehrere Grundsätze der Illusion verstoßen. Entscheidend bei der Offenbarung sei, so Erlinger, ob nur der Schenkende oder auch das Opfer bloßgestellt würde. Erlingers Fazit: Es wird beim Lüften des Geheimnisses weniger das Opfer, sondern vielmehr der Schenkende enttarnt. Der steht danach nämlich als Schnäppchenjäger da, der am Gastgeschenk gegeizt hat.

Sag ich doch: no risk – no fun.

AM ANFANG SCHON DAS ENDE IM SINN HABEN

Wenn Sie ein Geheimnis haben, überlegen Sie, wohin das führen kann. Hier sind wir wieder bei dem Warum. Können Sie das Geheimnis behalten? Oder wird es zwangsläufig irgendwann sowieso aufgedeckt? Worüber haben Sie Kontrolle? Und worüber haben Sie keine Kontrolle? Wenn Ihnen jemand ein Geheimnis anvertraut, dann fragen Sie vorher nach der Bedeutung des Geheimnisses. Wie lange sollen Sie das Geheimnis behalten? Mit wem dürfen Sie es eventuell teilen? Stellen Sie dies auch klar, bevor Sie einer anderen Person ein Geheimnis offenlegen.

ERKLÄR DICH NICHT, SONDERN BEHAUPTE DICH

Wenn Sie zu einem bestimmten Thema ein Geheimnis hüten, vermeiden Sie das Thema. So geraten Sie nicht in Versuchung, sich bewusst oder unbewusst zu verraten. Und auch hier gilt unsere Zauberformel: Jetzt bloß nicht herumeiern, sondern deutlich den Standpunkt vertreten: «Darüber möchte ich nicht sprechen.»

ÜBEN UND IMMER WIEDER ÜBEN

Wenn Sie schon mit keinem drüber reden, dann üben Sie das Gespräch wenigstens mit sich selbst. Erzählen Sie Ihr Geheimnis einem Gegenstand. Was bei Kindern gut funktioniert, klappt ebenso bei Erwachsenen. Sie können auch mit Ihrem Spiegelbild reden (es sollte nur keine andere Person in der Nähe sein). Sie können sich Ihr Geheimnis auch von der Seele schreiben und den Zettel verbrennen oder schreddern. So verdrängen Sie nicht alles und bekommen Übung im Umgang mit Ihrem Geheimnis.

SEI BEREIT

Das sollte jetzt einfacher sein, schließlich haben Sie Risiken abgewogen, Strategien entwickelt und geübt. Sie wissen über die Bedeutung von Situation und Methoden und sind in der Lage, mit den Methoden zu arbeiten. All diese Faktoren können Sie beeinflussen.

Es gibt jedoch einen Faktor, über den wir keine Kontrolle haben. Wir können tun, was wir wollen. Wir können uns um die richtige Situation kümmern, den Zeitpunkt bestimmen. Wir können die richtigen Strategien benutzen und üben ohne Ende. Und trotzdem bleibt der Erfolg aus, unser Geheimnis wird gelüftet.

Dann nämlich, wenn der Zufall ins Spiel kommt. Mein Religionslehrer schnappte mir mein Kartenspiel in einem Moment der Unachtsamkeit aus der Hand, und auch so manch anderes Geheimnis wurde nur aufgedeckt, weil der Zufall es so wollte.

Das sollten wir nie aus den Augen verlieren: Ob wir ein Geheimnis hüten können oder nicht, hat immer auch mit einer Prise Glück zu tun. Wenn es uns gelingt, dürfen wir dankbar sein. Falls es uns misslingt, haben wir vielleicht einfach nur Pech gehabt. Nicht ohne Grund lautet der erste Grundsatz der Illusionisten: No risk – no fun.

DAS GEHEIMNIS DES ANDEREN

Aber was gilt, wenn es sich nicht um Ihr Geheimnis handelt, sondern um das eines anderen? Sobald nämlich Ihnen etwas gebeichtet wurde, sieht die Sache ein bisschen anders aus. Sie sind jetzt der Empfänger. Sie wurden ins Vertrauen gezogen und wissen etwas über eine andere Person. Was ist zu tun? Das kommt natürlich auf das Geheimnis an. Ist es ein gefährliches Geheimnis? Kann jemand dadurch zu Schaden kommen? Sind vielleicht Unschuldige involviert? Eventuell sogar Kinder? Geht es um Missbrauch oder Körperverletzung? Ist es kriminell? Dann stellt sich die Frage nicht weiter: Wenn durch eine Offenbarung Schaden abgewendet werden kann, lüften Sie es. Auch Selbstschutz kann hier ein Motiv sein, denn wenn Sie ein illegales Geheimnis hüten, können Sie als Mitwisser möglicherweise in rechtliche Schwierigkeiten kommen.

Aber vielleicht ist das Ihnen anvertraute Geheimnis ja gar nicht illegal. Es brennt Ihnen nur auf der Zunge, weil Sie es moralisch verwerflich finden. Sie sind jetzt im Zwiespalt, weil: Petzen ist auch mies.

Anfangs waren Sie vielleicht noch stolz, schließlich wurden Sie ins Vertrauen gezogen und eingeweiht. Das hat Ihnen geschmeichelt. Aber mit ein wenig Abstand merken Sie, dass das Geheimnis des anderen Sie belastet. Sie würden es gerne weitererzählen. Darf man das?

Da habe ich eine klare Meinung: Nein!

Ohne Ausnahme!

Sie dürfen es nicht weitererzählen.

Denn es ist nicht Ihr Geheimnis, sondern das eines anderen. Es gehört nicht Ihnen, sondern nur dem, den es betrifft. Sie haben daher kein Recht, es anderen zu offenbaren. Hierfür gilt dasselbe wie bei einem Zaubertrick, und da bin ich bis ins Mark geprägt vom blassen Zettel meines Bruders: «Wichtig! Geheimnis nie verraten.»

«Ein Geheimnis ist so viel wert wie der, der es uns anvertraut.» Mit diesen Worten beginnt der Roman *Der Schatten des Windes* von Carlos Ruiz Zafón. Und nach dem Offenbaren ist das Geheimnis so viel wert wie der, dem es anvertraut wurde.

Welche Beweggründe haben wir denn, das Geheimnis eines anderen weiterzuerzählen? Ist das Geheimnis für uns wirklich eine Last? Oder entfacht es vielleicht nur die Lust, es nicht für uns behalten zu wollen, weil wir plötzlich etwas Spannendes zu berichten hätten? Dann ist es Klatsch! Wir machen uns wichtig und sonst nichts.

Andererseits kann es tatsächlich sein, dass Sie nicht schweigen wollen, weil das geteilte Geheimnis Ihre moralischen Grundwerte erschüttert. In diesem Fall können Sie denjenigen, der Ihnen sein Geheimnis anvertraut hat, davon in Kenntnis setzen. Fragen Sie die Person, wie lange Sie das Geheimnis für sich behalten müssen. Oder ob sie Ihnen erlaubt, es mit Ihrem Partner oder einem Freund zu teilen. Falls Sie das vorhaben, warnen Sie den anderen in jedem

Fall vor. Und falls Sie schlecht darin sind, ein Geheimnis für sich zu behalten, dann sagen Sie das dem Geheimnisträger. Am besten, *bevor* er sich Ihnen anvertrauen möchte. Bitten Sie ihn, das Geheimnis mit jemand anderem zu teilen.

Ich erinnere mich an eine Folge der US-amerikanischen Sitcom *The Big Bang Theory*, in der die Kellnerin Penny sich dem Physikgenie Sheldon Cooper anvertraut und ihn in ein Geheimnis einweiht. Erst nachdem sie alles erzählt hat, bittet sie Sheldon, nichts weiterzusagen. Das geht in Sheldons Fall komplett daneben, weil er sich plötzlich völlig idiotisch benimmt, sobald das besprochene Thema aufkommt. Penny hat zwei grundlegende Fehler gemacht: Erstens hat sie sich der völlig falschen Person anvertraut. Und zweitens – was noch viel schwerwiegender ist –, sie hat dem Eingeweihten erst erzählt, dass es sich um ein Geheimnis handelt, *nachdem* sie ihn davon in Kenntnis gesetzt hat. Das ist sehr ungeschickt, denn Sheldon hatte nun keine Chance mehr, das Gesagte *nicht* zu hören. Der Pfeil war abgeschossen und konnte nicht mehr gestoppt werden.

Geheimnis bleibt bei mir

Im Vergleich zu meinem Bruder war ich sicherlich der talentiertere Zauberer, denn ich konnte schon als Jugendlicher ohne mit der Wimper zu zucken vorgeben, eine leere Hand zu haben, auch wenn ein Ball oder ein gerolltes Tuch darin versteckt waren. Palmieren, Sie wissen schon. Ich konnte meine Zuschauer dazu bringen, aus zweiundfünfzig Spielkarten genau die auszuwählen, die ich wollte, und dabei eine Engelsmiene aufsetzen. Mein Bruder war dazu nicht in der Lage. Sobald er eine Münze in der Hand verbergen musste oder eine andere Trickhandlung ausführte, wurde er rot oder grinste. Irgendeine Übersprungshandlung konnte man immer beobachten. Man nennt das auch *magicians guilt* – das Schuldgefühl der Zauberer. Ich wusste aufgrund von Christians Reaktion zwar nicht, *was* er gemacht hatte, aber ich wusste, *dass* er etwas gemacht hatte. Das reichte schon, um ein Geheimnis zu wittern. Ab diesem Moment ist eine Seite des Geheimen gelüftet. Und die Neugier geweckt.

Geheimhaltung ist Arbeit. Es ist anstrengend, vor anderen etwas zu verbergen. Nicht nur, dass man seine Körpersprache im Griff haben muss, wir müssen auch noch darauf achten, dass wir uns nicht verplappern. Und wenn wir jemandem eine Lüge auftischen, müssen wir uns genau merken, welche Geschichte wir wann und wem erzählt haben, um uns nicht im Nachhinein mit einer falschen Story zu verraten. «Wer lügt, muss ein gutes Gedächtnis haben», wusste schon der römische Rhetoriker Quintilian.

Ich hoffe, ich konnte Sie inzwischen überzeugen, dass es sehr sinnvoll sein kann, ein Geheimnis zu wahren. Das letzte *Harry-Potter*-Kapitel lag versiegelt in einem Tresor, lange bevor der letzte Band erschien. Der Schöpfer der *Game of Thrones*-Saga, George R. R. Martin, muss die Fantasy-Geschichte noch zu Ende schreiben. Er selbst kennt den Schluss, er verrät ihn aber nicht. Da die Fernsehserie die Romanreihe inzwischen überholt hat, kann es sogar sein, dass es Abweichungen voneinander gibt. Auch das bleibt geheim, und was im Internet durchsickert, feuert die Spekulationen nur noch mehr an. Die Weihnachtsgeschenke für meine Kinder bleiben ein Geheimnis, bis sie sie öffnen, und die geheimen Codes mit ihnen und meiner Frau werden den Familienkreis niemals verlassen. Ich habe auch nicht vor, die Geheimnisse meiner Shows mit einer breiten Öffentlichkeit zu teilen, genauso wenig, wie Microsoft seine Programmzeilen teilt oder die Gilden einst ihre Berufsgeheimnisse öffentlich gemacht haben.

Zauberkünstler sind die Könige im Wahren von Geheimnissen. Houdini hat die meisten seiner Tricks mit ins Grab genommen, und auch andere Zauberkünstler haben keine Mühen gescheut, um ihre Geheimnisse zu wahren. So hat Max Malini, ein legendärer, in Galizien geborener Zauberkünstler, das Buch *The Expert at the Card Table* extra anders binden lassen, damit er es in der Öffentlichkeit lesen konnte, ohne dass ein Fremder merkte, dass er ein Buch über Kartenkunst und Falschspiel las. Auch das Geheimnis um das Buch selbst ist bis heute ungelüftet. Der Autor ist ein «S. W. Erdnase», ein Künstlername. Kein Mensch weiß, wer sich dahinter verbirgt. Klar ist nur, dass es ein absoluter Kenner und Experte der Szene gewesen sein muss, denn das Buch ist noch immer die Bibel für Falschspiel und Kartenkunst. Ich sagte es ja schon: Der Beruf des Autors ist prädestiniert für geheime Identitäten.

Ich jedenfalls möchte nur in einer Welt leben, in der es solche Geheimnisse gibt. Ich bin geübt darin, meine zu hüten. Das ist wie eine letzte zarte Verbindung zu meinem Bruder. Es vereint uns über seinen Tod hinaus. Über die Zauberkunst habe ich gelernt, Geheimnisse zu haben. Ich weiß, warum ich ein Geheimnis wahre. Ich weiß, wovon abhängt, ob ein Geheimnis ein Geheimnis bleibt, und ich weiß, wie man die Aufmerksamkeit auf Unwesentliches lenkt und im richtigen Moment schweigt. In einem Satz: Ich weiß, wie man ein Geheimnis wahrt.

Das Verborgene bietet die Chance, uns zu schützen und uns Zeit zu geben. Geheimnisse und Verschwiegenheit sind unerlässlich für ein friedliches Miteinander. Nicht umsonst lautet eine uralte arabische Maxime: «Wenn ich mein Geheimnis verschweige, ist es mein Gefangener. Lasse ich es entschlüpfen, bin ich sein Gefangener. Am Baume des Schweigens hängt seine Frucht, der Friede.»

Neben Friede und Schutz gibt es für mich noch mehr. Das Geheimnisvolle hat die Kraft zu verändern und zum Nachdenken anzuregen. Es bietet die Chance, unsere Phantasie zu beflügeln. Ich werde oft gefragt, ob ich noch zu verblüffen sei und überhaupt noch Spaß hätte, die Shows von Kollegen zu besuchen. Nun, eine Show hat wirklich etwas in mir ausgelöst, was ich zuvor noch nicht erlebt hatte. Das war 2017 in New York.

Ich stand am Union Square in New York, Midtown Manhattan, der Platz verbindet die noble Park Avenue mit dem neonflackernden Broadway. Langsam wurde es kühler, nicht mehr lange, und die Abenddämmerung würde über die Stadt hereinbrechen. Bunt beschirmt, priesen Verkäufer ihre Hot Dogs und warmen Pretzel unter den Augen von Washington an, dem ersten Präsidenten der USA, der nun, erstarrt zu einer Statue, auf einem Bronzepferd ritt. Um mich herum schmale hohe Häuser, in denen sich unten Restaurants und Cafés befanden, in der Nähe, im Decker Building, hatte Andy Warhol sein Atelier gehabt. Deswegen war ich aber nicht hier. Ich wollte zu einer Show, Derek DelGaudio sollte auftreten. Ich kannte ihn bislang nicht, doch in letzter Zeit hatte ich von mehreren Seiten gehört: «Den musst du dir anschauen. Er ist kein Mann der großen Gesten. Aber gerade deshalb so eindrucksvoll.»

Das hatte vielversprechend geklungen.

«Und was genau macht er?», fragte ich nach. «Was ist sein Thema?»

«Er stellt sich Fragen, und besonders geht er einer nach: Wer sind wir?»

Wer sind wir? Diese Frage hatten sich auch die antiken Magier und Philosophen gestellt. Wie können wir uns selbst erkennen? Wie können wir unser Verständnis von Welt vergrößern? Und letztlich: Wie können wir glücklich werden? Ist das nicht auch ein großes Geheimnis?

Als ich darüber nachdachte, wurde mir klar, dass ich mir die Show ansehen *musste*. So viel hatte ich mich mit all den uralten Fragen und Geheimnissen, die uns Menschen betreffen, beschäftigt, dass ich augenblicklich eine innere Anspannung fühlte. Mir war, als würde ich mich auf ein großes Abenteuer einlassen. Ich dachte an die Reise, die ich bislang hinter mir hatte, die Reise, die mit den wandernden Münzen meines Bruders begonnen hatte und bis heute andauert. Eine Reise mit dem Ziel, das Staunen und das Geheimnisvolle, das Unerwartete um uns herum und noch viel mehr in uns zu ergründen. Über das zunächst Unerklärliche geraten wir ins Nachdenken, wollen ihm auf den Grund gehen, wollen lernen. Nur in einer Welt, in der gestaunt wird, kann sich Verbundenheit, Kreativität und Phantasie entwickeln, können wir geschützt nach Halt suchen, unser Glück finden. Jeder von uns ist so ein Zauberer auf der Suche nach modernen Allegorien und Symbolen.

Und tatsächlich, meine Bekannten hatten nicht zu viel versprochen: Die Show zog mich in ihren Bann, bevor sie überhaupt begonnen hatte. Der Eingang zum Daryl Roth Theatre war eine schlichte schwarze Tür, auf der eine Aufschrift in weißen Buchstaben zu lesen war: «*Is identity an illusion?*» Ist Identität eine Illusion? Ich wusste jetzt, dass ich hier richtig war. Im Foyer war eine große schwarze Wand aufgestellt, an der einfache weiße Zettel steckten, in schwarzer Schrift konnte ich dann lesen: «Ich bin ein Abenteurer», «Ich bin ein Gärtner», «Ich bin ein Freund» … Jeder Zuschauer sollte sich vor Vorstellungsbeginn für einen solchen Zettel entscheiden und ihn an sich nehmen. Es standen Hunderte von ihnen zur Auswahl.

Aber wer war ich? Oder besser gesagt: Wer war ich in diesem Moment? Vater, Sohn, Reisender, Skeptiker, Orakel, Magier, Bruder, Schamane, Gedankenleser, Lügner, Freund, Ehemann, Entertainer, Autor, Geheimnisträger, Musiker, Gastgeber, Gast, Leseratte, Introvertierter, Speaker, Artist, Coach, Lernender, Dolmetscher oder Anzugträger?

Für was sollte ich mich entscheiden? Unweigerlich tauchten aus dem tiefsten Inneren Bilder auf. Irgendwann in meinem Leben war ich das alles mal gewesen, einiges davon sogar gleichzeitig. Ich fühlte mich ungefähr so wie in dem Augenblick, kurz bevor ich den braunen Lederkoffer meines Bruders öffnete. Mit dem Unterschied, dass ich nun nicht Christians Geheimnisse ergründen wollte, sondern meine eigenen.

Die Wahl fiel mir nicht leicht. Ich war hin und her gerissen zwischen diesem und jenem Zettel. Ich nahm mir Zeit – und hoffte, dass niemand von den anderen Besuchern nach dem griff, was ich vielleicht aussuchen würde, denn jede Charakterisierung gab es nur ein einziges Mal. Ich wusste, dass meine Entscheidung vielleicht noch eine Rolle spielen würde, während der Vorführung oder auch hinterher. Sollte ich den Zettel ziehen, den ich am meisten mochte? Nein, das wäre zu einfach. Außerdem wusste ich: Mögen und Nichtmögen sorgen dafür, dass wir nicht neutral bleiben, sondern werten. Wir werten aus der Erfahrung heraus, durch in der Vergangenheit gemachte Erlebnisse, um etwas zu verstehen, das jetzt passiert oder noch in der Zukunft liegt. Aber vielleicht hatte sich in der Zwischenzeit etwas geändert und meine eventuelle Bewertung stimmte womöglich gar nicht mehr?

Verdammt, das war ganz schön kompliziert.

Bei vielen Zuschreibungen fielen mir fast vergessene Geschichten ein. Ich dachte an frühere Urlaube, gescheiterte Projekte, aber auch an solche, die besser liefen als geplant. Ich dachte an mein erstes Treffen mit Christiane, die Hochzeit, die Geburt unserer Kinder. Ich dachte an den Moment, als die Kinder zum ersten Mal sprachen, an ihren ersten Schnupfen, als sie zum ersten Mal ohne Stützräder Fahrrad fuhren. Ich dachte an unser erstes Weihnachten als Familie, an unsere erste Nacht im neuen Haus. Ich dachte an die Süßigkeiten im Kaufladen meiner Kinder. Ich dachte daran, wie meine Töchter zum ersten Mal auf der Bühne standen. Ich dachte an Vincents aufgeschürfte Knie beim Skateboarden. Mir fiel die in Jugendtagen von meiner Lehrerin geklaute Zigarette ein und das Gefühl der Zusammengehörigkeit mit meinen Schulfreunden.

Ich dachte an den allerersten Kuss und an den ersten Liebeskummer. An meinen ersten Auftritt. Daran, dass ich all das bewusst erlebt habe, dass es das erste Mal war – ich es aber wohl nie in dem Bewusstsein erleben werde, dass es das letzte Mal passiert. Irgendwann würde ich Christiane den letzten Kuss geben, würde Carlotta, Vincent und Marlena zum letzten Mal umarmen, irgendwann würde ich das letzte Mal in die Berge oder auf das Meer schauen. Irgendwann würde ich zum letzten Mal «Stairway To Heaven» hören und mein letztes Buch lesen. Irgendwann würde ich meinen letzten Auftritt haben, das letzte Mal die Bühne verlassen. Ob ich mir dessen dann bewusst sein werde?

All das ging mir durch den Kopf, als meine Hand suchend über die Wand glitt. Ist es nicht wundervoll, wie eine schlichte Wand uns zu solchen Gedanken führen kann!? Es war ein tiefes Staunen, das mich in meinem Innern berührte. Die Kraft des Geheimnisvollen.

Schließlich fand ich den passenden Zettel. An einem anderen Tag hätte ich mich vielleicht anders entschieden, aber genau an diesem Tag in genau diesem Theater in New York zog es die Finger meiner rechten Hand geradezu magisch zu diesem einen Zettel. Zufrieden und glücklich löste ich ihn von der Wand.

LITERATUR

Bannister, Roger: The First Four Minutes. Gloucestershire 2004

Blaine, David: Mysterious Stranger, New York 2002

Blanchard, Kenneth H., und Spencer Johnson: Der Minuten Manager. Reinbek 2002

Cohen, Steve: Win the Crowd. New York 2005

Corssen, Jens: Der Selbst-Entwickler. Wiesbaden 2004

Covey, Stephen R.: Die 7 Wege zur Effektivität – Prinzipien für persönlichen und beruflichen Erfolg. Offenbach 2005

Eco, Umberto: Gesammelte Streichholzbriefe. München 2002

Fellmann, Max, und Till Krause: Was gibt's denn da zu gucken? In: *Magazin der Süddeutschen Zeitung*, 13/2015; siehe auch: http:// sz-magazin.sueddeutsche.de/texte/anzeigen/42914/3/1

Filser, Hubert: Wissen ist Macht. In: *Süddeutsche Zeitung* vom 27./28. August 2016

Flitner, Elisabeth H., und Renate Valentin: Das sage ich nicht weiter. Zur Entwicklung des Geheimnisbegriffs bei Schulkindern. Zeitschrift für Pädagogik, 31, 1985, S. 701–717

Gaarder, Jostein: Das Kartengeheimnis. München 1998

Hantel-Quitmann, Wolfgang: Die Masken der Paare. Und welche Gefühle sie verbergen. Freiburg i. Breisgau 2008

Havener, Thorsten: Ich weiß, was du denkst. Reinbek 2009

Havener, Thorsten: Ohne Worte. Was andere über dich denken. Reinbek 2014

Hummel, Katrin: Geheimnisse in der Beziehung. Willst du das echt wissen, Schatz? In: *FAZ Online* vom 8. Juli 2018; siehe: http://www.faz. net/aktuell/stil/leib-seele/geheimnisse-in-der-beziehung-willst-du-das-echt-wissen-schatz-13030643.html

Huerter, Tobias: Lügner sind sympathisch. Interview mit dem Psychologen Robert Feldmann. In: *Zeit Wissen* Nr. 3/2012

Jahn, Andreas, und Amelie Tokaj: «Ich bin ein konvertierter Gläubiger».
Ein Gespräch mit dem Züricher Neuropsychologen Peter Brugger.
In: Spektrum.de vom 22. November 2012

Kehlmann, Daniel: Die Vermessung der Welt. Reinbek 2008

Keller, Mitra: Geheimnisse und ihre lebensgeschichtliche Bedeutung.
Eine empirische Studie. Berlin/Münster/Wien/Zürich/London 2011

Kelly, Anita E.: Clients' secret keeping in outpatient therapy. Journal of
Counseling Psychology. Vol 45(1), Jan 1998, S. 50–57

Kelly, Anita E.: The Psychology of Secrets. New York 2002

Klein, Stefan: Träume. Eine Reise in unsere innere Wirklichkeit. Frankfurt am Main 2014

Kraatz, Birgit, und Fritz Rumler: «Mein Geheimnis hat 500 Seiten», Gespräch mit Umberto Eco. In: Spiegel 40/1988; siehe auch: http://www.
spiegel.de/spiegel/print/d-13530146.htm

Manen, Max van, und Bas Levering: Kindheit und Geheimnisse. Über
Intimität, Privatheit und Identität. Bad Heilbrunn 2000

McLaughlin, Catriona: Die Besserwisser. In: Zeit Online vom 4. Juli 2013,
siehe: http://www.zeit.de/2013/28/acxiom

Morgenstern, Christian: Stufen. Eine Entwicklung. In: Aphorismen
und Tagebuch-Notizen. München 1922

Müller, Klaus: Das Geheimnis. Faszination des Verborgenen. Reihe:
Ethnologie. Forschung und Wissenschaft. Bd. 25. Berlin/Müns-
ter/Wien/Zürich/London 2014

Murakami, Haruki: Birthday Girl. Köln 2017

Naumann, Frank: Die zehn Geheimnisse ewiger Liebe. Frankfurt am
Main 2003

Nuber, Ursula: Lass mir mein Geheimnis! Warum es gut tut, nicht alles
preiszugeben. Frankfurt am Main 2007

Pennemaker, James: Opening Up. The Healing Power of Expressing
Emotions. New York 1997

Rauner, Max: Parapsychologie: Warum wir alle spinnen. In: ZeitWissen
Nr. 1/2011.

Renner, Adrian: Hast du ein Geheimnis? In: Neon Online vom 12. Sep-

tember 2008. (Stand: 3/2016). http://www.neon.de/artikel/fuehlen/
liebe/hast-du-ein-geheimnis/684951

Robbins, Anthony: Das Robbins PowerPrinzip. Berlin 2004

Roll, Evelyn: Alles muss raus. In: *Süddeutsche Zeitung* vom 6. August
2106

Saltz, Gail: The Anatomy of a Secret Life. The Psychology of Living a
Lie. New York 2006

Schaar, Peter: Das Ende der Privatsphäre. Der Weg in die Über-
wachungsgesellschaft. München 2007

Schuldt, Christian: Klatsch! Vom Geschwätz im Dorf zum Gezwitscher
im Netz. Frankfurt am Main 2009

Schultheiß, Sebastian, und Frank Warren: PostSecret. München 2014

Scot, Reginald: The Discoverie of Witchcraft. New York 1972 (1651)

Simmel, Georg: Untersuchungen über die Formen der Vergesellschaftung. Berlin 1908

Spitznagel, Albert: Geheimnis und Geheimhaltung. Erscheinungs-
formen, Funktionen, Konsequenzen. Göttingen 1998

Stiegnitz, Peter: Lügen – aber richtig! Die angewandte Theorie der
Lüge. Wien 2008

Stillich, Sven, und Claudia Wüstenhagen: Was du nicht weißt … In: *Zeit
Wissen* Nr. 6/2013

Wiebel, Bernhard: Das Berufsgeheimnis in den freien Berufen. Untersuchungen zur Soziologie und Geschichte der Berufe des Arztes,
Rechtsanwalts und Strafverteidigers. Wiesbaden 1970

Wilhelm, Klaus: Warum wir Geheimnisse haben. In: *Spektrum* vom
13. Juni 2018

Wismeijer, Andreas: A. J.: Secrets and subjective well-being. A clinical
oxymoron? In: Ivan Nyklicek, Ad Vingerhoets und Marcel Zeelen-
berg (Hg.): Emotion Regulation and Well-Being. New York 2011,
S. 307–325

Wüstenhagen, Claudia: Das Geheimnis der Freundschaft. In: *Zeit
Online* vom 7. Dezember 2010, siehe: http://www.zeit.de/zeit-
wissen/2011/01/Freundschaft

Ziegler, Gerd: Tarot. Spiegel der Seele. Handbuch zum Crowley-Tarot. Königsfurt 2002

Zmeck, Jochen: Handbuch der Magie. Leipzig 2006

DANK

Mein größter Dank gilt meiner Familie, die während der Entstehungsphase dieses Buchs oft auf mich verzichten musste. Meine Kinder Carlotta, Vincent und Marlena haben mir viele Geschichten und Erlebnisse geschenkt, die es in dieses Buch geschafft haben. Täglich gelingt es ihnen, mich durch tolle Fragen und Einsichten zu verblüffen. Ihr wisst viel mehr, als ihr glaubt!

Meine Frau Christiane hat stets an mich geglaubt und tut es nach über dreiundzwanzig gemeinsamen Jahren noch immer – und das, obwohl sie meine Geheimnisse kennt. Sie war es, die mir Mut gemacht hat, wenn ich nicht weiterwusste. Ohne dich gäbe es dieses Buch nicht!

Außerdem danke ich meinen Eltern, die mir nie reingeredet haben, wenn ich als Kind davon sprach, ein Zauberer werden zu wollen.

Großer Dank gilt Regina Carstensen, die von der ersten Sekunde an ein Gespür für meine Geschichten hatte und mir nicht nur Ideen für dieses Buch geliefert hat, sondern mir behutsam den richtigen Weg wies, wenn ich mich mal wieder verirrt hatte.

Danke an Julia Vorrath, meine Lektorin, ohne die dieses Buch einiges an Klarheit vermissen ließe. Neben der Klarheit danke ich ihr am meisten für ihre unendlich scheinende Geduld, wenn ich mal wieder alles umwerfen und neu strukturieren wollte.

Danke an Andy Hartard für eine Bomben-Recherche. Du hast mich mit tollen Geschichten und Fakten für dieses Buch versorgt.

Danke an Joachim Retzbach, der meinen wissenschaftlichen Hintergrund auf den neuesten Stand gebracht hat.

Danke auch an Barbara Laugwitz, die mich vor vielen Jahren als Autor entdeckt und mich bei jedem meiner Bücher begleitet hat.

Außerdem danke ich dem Herbert Management, meinem langjährigen Mentor Satori sowie Tobias Gerlach für die Suche und das Finden eines «Writers' Room».

Erleben Sie Thorsten Havener jetzt live:

- Tour
- Vorträge
- Seminare